카미노 데 산티아고

만남의 길

최광섭 요한

Camino de Santiago

The Encounters

by
John K. Choi

Cover 페이지 소개

내가 스페인에서 처음 만났고 또 나와 가장 많은 시간을
보냈던 스페인 친구 Pepe 가 Camino Frances 에서 만나는
첫 지방인 Navarre 의 길을 걷는 모습이다.

ISBN 978-1-5406-7060-1

9 781540 670601 >

차례

Camino Frances

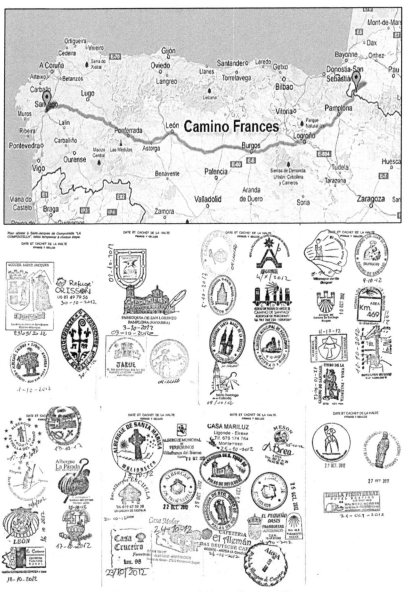

순례자 Passport 에 찍힌 도장(sello)들

서론

산티아고 순례는 내 생애를 통하여 그 무엇과도 바꿀 수 없는 값진 체험이었다. 언젠가는 꼭 한번 해보고 싶었던 순례 이었지만 항상 나에게는 이루어질 수 없는 일 같이 느껴졌던 순례 이었다. 이 순례길을 갈 수 있게 격려해준 아내와 이 길을 무사히 마칠 수 있게 관심 있게 봐주고 기도해준 모든 이들에게 감사를 드린다. 또한 나를 먼 곳까지 날라준 내 두다리를 참으로 고맙게 생각한다.

하루 하루를 걸으며 보고 느꼈던 것들을 글로 담아 이 책을 통하여 기록했다. 순례를 계획하는 모든 이 들에게 조금이라도 도움이 됐으면 한다. 천 년이 넘도록 이 순례길을 걸어온 수 많은 순례자들과 나와 순례를 동행했던 친구들, 그리고 계속하여 이 길을 걸으려는 새로운 순례자들을 위하여 이 책을 바친다.

여행의 시작 SAN FRANCISCO ⇨ MADRID

오랜동안 기다렸던 산티아고의 길을 향해 집을 떠났다. 아침 7 시 비행기를 타러 새벽 5 시까지 공항에 도착했고 사랑하는 아내와 결혼 후 처음으로 오랜동안 떨어져야 할 날들을 생각하며 이별을 하였다. 오랜동안 사귀었던 정이 많은 채토마스 형제가 나를 배웅하러 새벽 5 시에 공항으로 찾아왔다. 우리는 아침 커피를 함께 마셨고 그는 나에게 십자 목걸이를 전해주었다. 십자가를 목에 걸며 나는 마치 큰 사명을 받고 떠나는 것 같은 느낌이 들었다.

Madrid 로 향하는 비행기를 탔다. 스페인으로 가는 비행기라 그런지 많은 승객들이 스페인과 관련된 사람들이었다. 내 옆에 앉은 로사라는 이름을 가진 여성은 산티아고 순례를 포르투갈 길을 따라 순례한 체험자였다. 포르투갈 근처 Vigo 라는 작은 마을에서 왔다는 그녀에게 나는 기념으로 가지고 다니던 꾸르실료 북마크 하나를 선사했다.

비행기 안에서 나는 주머니 속에 넣어둔 아내와 딸의 편지를 읽었다. 사랑의 편지였다. 통계적으로 많은 순례자들이 사망할수 있다는 이 순례길을 떠나며 가족의 편지를 읽으니 마지막 편지일 수도 있다는 생각에 눈시울이 젖어 들었다.

이제부터 한 달 동안 쌓일 회사일들을 생각해 봤다. 그리고 오랫동안 기다리고 준비한 끝에 가는 귀중한 나날들을 후회없이 보내야 하겠다는 생각도 했다. 또한 이제 겪을 어려움, 유혹들도 지혜롭게 극복해 나가야겠다고 다짐해 보았다.

배낭을 짐으로 부쳤다. 가끔 부친 짐들이 분실된다 하여 중요한 물건들을 모두 빼고 배낭 커버만 짐으로 부쳤다. 이번 순례동안 가능하면 집에 연락하는것을 줄이고 꼭 필요할 때만 연락 하기로했다. 순례중 분심을 줄이기 위해서다.

Madrid ⇨ St. Jean Pied de Port

New York 에서 Madrid 로 가는 비행기를 갈아탔는데 내 옆좌석에 Beth 라는 할머니 한 분이 앉았다. 그분은 스페인에서 태어났지만 미국에서 자랐고 해마다 스페인을 방문한다고했다. 할머니에게 딸이 한명 있는데 최근에 짧은 El Camino 길을 걸었다고한다. 그리고 요사이 스페인 가을 날씨는 춥고 비가 오니 몸조심하라고 하였다. 이 할머니는 옆에 앉은 남편과 함께 9 일 동안 스페인 관광을 하러간다고 하였다. 7 시간 동안 비행기속에서 두부부는 거의 대화를 하지 않았다. 그러나 그들의 표정을 통해 서로 아껴주는 부부라는 걸 느낄 수 있었다.

San Francisco 를 떠난 지 14 시간 비행 후 그 다음날 아침 9 시에 Madrid 공항에 도착했다. 부친 짐을 무사히 찾고 검사도 없이 쉽게 나왔다. St. Jean Pied de Port 를 가려면 Pamplona 로 가서 버스나 택시를 갈아 타야한다. 택시는 100 € 라 가능하면 값이 20 € 인 버스를 타라고 권고한다. 마지막 버스가 오후 5 시 반이라 시간 맞춰 가야했다. 다행히 Pamplona 가는 기차역을 쉽게 찾았다. 바로 공항 아래층에 있는 기차(Renfe) 사무실에서 Pamplona 로 가는 표를 사고 (60 €) 지하층에 있는 시내 열차를 타고 기차역 (Estación de Madrid Atocha)으로 갈 수 있었다. 기차역으로 가는 시내 열차표는 무료로 받았고 약 25 분 걸려서 Atocha 기차역에 도착했다.

Pamplona 로 가는 기차를 기다리면서 주변 사람들을 보니 몇 명의 순례자로 보이는 사람들이 하나씩 눈에 띄기 시작했다. 배낭에 하이킹 boots 와 Hiking pole 을 지닌 옷차림새가 순례자들이 분명했다. 처음으로 순례 동지들과의 만남이었다. 드디어 순례가 시작된다는 실감이 나기 시작했고 가슴이 설레이기 시작했다. 나는 순례자들을 따라 각자 기차표에 정해져 있는 기차칸에 자리를 잡았다. Pamplona 까지는 약 3 시간 걸리는 거리였다.

기차좌석에 자리를 잡고 이제 있을 여정을 검토하는 중 옆에서 나에게 대화를 건네오는 여자 순례자 한 명이 있었다. 그는 Yevette 라는 이름의 Boston 에서 학교 선생을 하고 있는 사람인데 이틀 전 공항에서 배낭을 분실당해 새로 물건들을 다시 Madrid 에서 구해야하는 어려움을 겪었다고 하였다. 몸이 많이 비만인 이 순례자는 천천히 40 일동안 Pamplona 에서 부터 걸을 계획이라고 하였다. 우리는 서로 무사히 순례를 마칠 수 있도록 격려의 말을 주고받았다.

Pamplona 역에 2 시간쯤 지나 도착했다. 기차역 밖에서는 순례자들이 St. Jean-Pied-de-Port 로 가는 버스를 타기위해 정류장으로 택시를 타려고 기다리는 것이 보였다. 나도 그들 사이에 끼려고 다가갔다. 그들은 네 명이었다. 그러나 네 명이 다 한차로 갈수 있는데도 불구하고 한명이 택시를 타지 않고 나와 같이 타기 위해 다음 차를 기다려 주었다. 나와 단둘이 타면 택시값을 더 지불해야 하는데도 모르는 사람에게 이렇게 친절을 베푸는구나 하고 생각했다. 나와 같이 탄 여성은 Madrid 에서 온 젊은 여성인데 일주일 휴가를 얻어 걸으러왔다고 한다. 20 분쯤 지나 버스 정류장에 도착했다. 스페인 여성은 택시비를 나눠 내자는 나의 제안을 거절하고 혼자 비용을 다 내고 내렸다. 나는 그녀에게 감사하다는 말을 하고 헤어졌다. 외국인인 나에게 친절을 베푸는 한 여성의 체험이 나의 스페인에서의 첫인상이 되었다.

나는 St. Jean 으로 가는 오후 5 시 30 분 버스를 타기위해서 버스표를 20€ 를 주고 샀다. 버스를 기다리는 순례자들을 더러 보았다. 버스를 기다리는동안 내 옆에 앉은 한 순례자가 말을 걸어왔다. 조금 전 내가 타고 온 택시 바로 앞 택시로 떠난 순례자이었다. 스페인 남쪽에 위치한 Malaga 라는 도시에서 온 40 대 스페인 남성이었다. 내가 무사히 버스 정류장까지 온 것을 반가워하는 모습이었다. 그사람은 Pepe 라고 불린다고 했다. Pepe 라는 이름은 Joseph (요셉)이라는 이름의 별명이라 하였다.

"Papa Putativo" (Pé Pé) 에서 나온 이 이름의 의미는 가상적이라한다. 즉 요셉은 예수의 친아버지가 아니지만 아버지로 불리운다는 뜻이다.   우리가 단순히 부르는 '요셉' 이라는 단어에 비해 스페인들은 더욱 정확한 의미로 부르고 있다고 생각되었다.

Pepe 도 나와 같이 St. Jean 에서 부터 걷는다하였다. 그리고 우리는 서로의 계획을 나누고자 하였다. 그러나 Pepe 는 영어가 서툴러 나와 대화를 하는데 많은 어려움이 있었다. 설명하기가 어려웠는지 Pepe 는 가끔 한숨을 쉬곤하였다. Pepe 는 직장에서 40 일 동안의 휴가를 얻어왔다고 하였다. 나보다 5 일이 더 여유가 있었다. 버스 정거장에서 인연을 맺은 Pepe 와 나는 까미노 길을 걷는 동안 그리고 그 후로도 가까이 지내는 친구가 되었다.   내 옆에는 또 다른 순례자 여성 한 명이 있었다.   30 대쯤 되보이는 젊은 순례자는 스페인 북서쪽에 Balb 라는 곳에서 살고있는 Amal 이라는 여성인데 약 1 주일간의 휴가를 받아왔다고한다.   Amal 은 작년에 Santiago 의 끝 부분에서부터 100km 정도 거리인 Sarria 에서 Santiago 까지 걸었다한다. 그리고 이번에는 Camino Frances 의 첫 시작인 St. Jean 에서부터 걷는다하였다. 스페인에 사는 사람들은 해마다 짧은 휴가를 얻어 부분적으로 이길을 걷는다하였다.   한 번 오기도 힘든 먼 곳에서 온 나와는 거리가 먼 것같이 느꼈다. Amal 은 Pepe 와 다르게 영어를 유창하게 하였다.   그리고

6

대화중 그는 어머니가 스페인 사람이고 아버지는 이집트인 이라고 하였다. 물론 아랍어도 유창하게 하였다. 그의 종교는 이슬람이라 하였다. 이슬람 신자가 기독교의 순례길을 걷는다는 것이 이색적으로 느껴졌다.

버스가 도착해서 타려는데 옆에 있던 불란서 순례자 여성과 이야기를 나누게 되었다. 60 대로 보이는 그녀는 어제 Pyrenee 산맥을 넘어왔다한다. 그런데 날씨가 너무 좋지 않아 많은 고생을 했다고 했다. 비바람과 짙은 안개때문에 앞이 안보이고 위험했다한다. 내가 내일 걸으려는 길이다. 날씨가 나쁘면 좀 더 안전하고 긴 코스로 돌아가야 한다는 말을 듣고 다소 걱정이 되었다. 내일 날씨가 좋기를 바랬다.

최종 순례의 목적지인 산티아고로 가는 길은 12 가지 길이 있다한다. 불란서, 포르투갈, 영국등 시작하는 곳에 따라 다른 길을 오게되고 천년이라는 세월을 통해 수많은 순례자들이 이 길들을 걸어왔다.

그중 가장 순례자들이 많이 걸어온 길이 Camino Frances 이다. 이태리, 불란서, 독일, 영국등에서 시작한 순례자들 대부분이 이길을 통과하게된다. 내일부터 걸을 Camino Frances 길은 St. Jean-Pied-de-Port 부터 Santiago 까지이다. 800 km (500 miles) 의 거리라고 하지만 실제로는 산길과 꼬불꼬불한 길로 더 긴 거리를 걷게된다.

* * *

Santiago Compostella 의 역사는 다음과 같다. 서기 44 년에 열두 제자중의 한 명인 야고보 성인이 복음을 전파하러 스페인에서 머물고 그의 사명이 끝나자 다시 팔레스타인으로 돌아가게 된다. 그러나 성야고보는 헤로드(Herod Agrippa) 왕에게 고문을 당해 죽임을 당한다. 그때 헤로드왕은 아무도 야고보 성인을 무덤에 묻지 말라고 명령한다. 그러나 그 날밤 야고보를 따르던 제자들은 성야고보의 시체를 훔쳐다가 몰래 배를 타고 도망가고 그 배는 나중에 심한 풍파를 만나 파도에 밀려 스페인 서북쪽에 있는 한 마을에 도착하게된다. 그들은 야고보의 시체를 숲속에 숨겨 묻었고 몇 백년이 지난 819 년에 어떤 양치기 한 명이 그 곳을 지나게된다. 그는 숲속에서 들려오는 음악소리를 듣고 또 눈부신 광채가 나는 것을 목격 하게된다. 그 양치기는 그 일을 주교에게 보고하고 조사 끝에 성야고보의 무덤을 발견하게된다. 그 위에는 곧 성당이 세워지고 왕은 성야고보를 스페인의 주보성인으로 선포하게된다. Santiago Compostella 는 예루살렘과 로마에 이어 제 3 대 성지로 순례자들이 많이 가는 곳이다. "산티아고" 라는 말은 성야고보라는 말이고 "꼼뽀스뗄라 (Compostela)" 라는 말은 별이라는 말이다. (Compo = 들판의 stela=별들) 그 숲속에서 나왔던 눈부신 광채를 표현하는 말이다.

그때부터 매년 유럽의 많은 신자들이 산티아고 데 뽀스뗄라로 성지순례를 걷기 시작하였다.

Santiago Compostella 를 가는 길은 여러가지가 있다. "Camino de Santiano" 는 어느 지역에서 오느냐에 따라 길이 다르기 때문이다. 그중에 Spain 으로 넘어 오기 전 Pyrenee 산 밑인 작은 마을 St. Jean Pied-de-Port 에서 시작되는 Camino Frances 길은 (800 km) 많은 순례자들이 1000 년을 넘게 걸어온 길로 가장 잘 알려진 길이다.

카미노를 걷다보면 이런 십자가를 자주 보게된다. 이것은 십자가를 상징하고 있지만 성 야고보가 그리스도교를 모슬램에서 보호하기 위해서 모로스족(모슬램)들을 물리쳤을때 썼다는 칼을 의미한다.

* * *

Pamplona 를 떠난 버스는 Pyrenee 산의 꼬불꼬불한 길을 넘어갔다. 창밖으로 보이는 경치는 환상적이었다. 마치 그림에서 보는 듯한 안개가 자욱히 덮힌 아름다운 산 경치였다.

같이 탄 일행들과 대화를 하다보니 벌써 St. Jean 에 도착하였다. St. Jean 은 1000 년이 넘는 역사를 가지고 있는 마을인만큼 건물과 성당들의 모습도 아름답고 한 폭의 그림 같았다. 마을 중앙에 흐르는 Nive 강과 로마양식 돌다리들, 마을 집 사이사이에 만들어진 작은 돌로 만들어진 좁은 길들, 그 돌 위로 한발한발의 걸음을 걷는 것 자체가 신비스로운 느낌이 들었다. 지나쳐가는 집 한 채 한 채가 각자 나름대로 옆집들과 조화를 이루며 아름답게 꾸며진 모습들, 이 모두가 나에게는 다른 세상에 온 것 같은 느낌이었다.

Pepe 와 나는 먼저 오늘밤에 잘 Albergue(순례자 숙박소)를 찾아 나섰다. 나는 순례 오기 전에 미리 알아둔 Albergue 를 찾아봤다. 그러나 그 숙박소는 이미 만원이었다. 미리 예약을 하면 좋았을 것이라 생각했다. 늦은 가을이라 붐비지 않을거라는 말에 예약을 안했던 것이다. 여러 숙박소를 찾아본 후 한곳을 발견했다. 그러나 문제는 숙박비가 16 € 로 다른 곳보다 훨씬 비쌌다. Santiago 길의 숙박소비는 5 - 10€ 가 대분분의 값이기 때문이었다. 어쩔 수 없이 접수를 하고 Pepe, Amal 과 나는 침대 아래칸을 차지했다. 숙박소 침대들은 대부분 이층 침대라 먼저 아래침대를 차지하는 것이 편하기 때문이었다. 그방에는 빈대를 없애는 약냄새가 풍기고 있었다. 냄새는 나도 오늘밤 빈대의 밥이 되지는 않을거라 생각하니 빈대약 냄새도 향긋하게 느껴졌다.

짐을 침대에 풀고 우리 셋은 길을 나섰다. 긴장이 풀어지자 배가 고프기 시작했다. 수 백년이 넘은 돌로 만든 좁은 동네길을 따라 내려와 여러 식당들이 모여있는 곳중에 한 식당에 들어갔다. 그 곳은 벌써 많은 순례자들로 만원이었다. 다행히 뒷방에 있는 식탁에 자리를 잡고 간단한 식사를 했다. 나는 평소에 좋아했던 불란서 pâté 를 주문했다. 우리 셋은 내일 부터 시작되는 순례를 위하여 건배를 했다. 건배할 때 나는 스페인 풍습에 어긋나는 실수를 했다. 나는 술을 마시지않고 물만 마시고 있었기에 물잔으로 건배를 하려했는데 Pepe 는 깜작 놀라며 나에게 물잔으로 건배하는 것은 실례라 하였다. 그러나 물만 아니면 다 괜찮다고 하였다. 나는 대신 음료수로 건배를 하였다. 이러한 격식들이 까다롭다고 느낄 수 있지만 또 한편으로는 재미있는 풍습이라 느꼈다. 이런저런 이야기를 나누고 지도를 보면서 내일 걸을 길을 확인했다. 또 내일 아침 식당들이 늦게 연다고 하여 아침에 먹을 빵을 미리 사들고 식당을 나왔다. 하늘을 쳐다보니 어제까지 있었던 먹구름이 서서히 서쪽으로 사라지고있어 내일 있을 좋은 날씨를 기대해 봤다. 숙소로 다시 돌아가는 길에 400 년이 넘은 성벽 (Citadel) 을 따라 성당을 지나가면서 나는 온전히 다른 세상에 온 것 같은 느낌을 받았다. 내가 밟는 돌 조각 하나하나 그리고 스쳐가는 돌벽들 모두가 몇 백년전의 모습 그대로였다는 것에 나는 중세기 기사들이 나오는 영화를 연상하게 되었다. 그리고

11

이 아름다운 모습들을 몇 시간밖에 못 보고 내일 아침 떠나가야 하는 것이 아쉬웠다.

숙소에 들어가기전 우리는 내일부터 El Camino 를 걸을 때 지니고 다녀야할 순례자 'Passport' 를 받기위해 St. Jean 에 있는 순례자 사무실(Accueil des pèlerins de St-Jacques)에 들렀다. 순례자 사무실은 다행히 열려있었다. 이 사무실은 대부분의 Camino Frances 를 시작하는 순례자들이 처음 들르는 곳이다. 통계에 의하면 2011 년에 40,000 명의 순례자들이 이 곳에 와서 Passport 를 받고 갔다한다. 사무실 안에는 세 명의 봉사자들이 우리 일행을 반겨주었다. 나는 중년쯤 되어보이는 불란서 여성이 있는 책상에 가서 앉았다. 서로 인사를 나누고 Camino Frances 에 머무를 숙박소(Albergue)와 간단한 길이 그려진 정보를 받았다. 마지막으로 순례자 Passport 를 받았다. 2€와 함께 첫 도장이 내 Passport 첫 페이지에 찍혔다. 감격적인 순간이었다. 봉사자들의 격려를 받고 우리는 숙박소로 돌아왔다.

우리가 없는 사이에 숙박소에는 세명의 순례자들이 방에 들어와 침대를 차지했다. Spain 에서 온 Nouria, Luisa 와 그리고 독일에서 온 청년이었다. 독일청년은 영어는 했지만 불어를 못했다. 그런데 숙박소 주인들이 영어를 못하고 불어만 하는 것에 대해 불만스럽게 이야기했다.

Luisa 와 Nouria 는 같은 회사를 다니는 동료였다. 일주일 휴가를 내서 순례길을 걸으러 Spain 서쪽 해안에 있는 Valencia 라는 곳에서 왔다. Nouria 는 키가 작고 아주 명랑한 30 대 여성이었다. Luisa 는 키가 큰 40 대 여성이었다. 둘이 친한 친구같이 잘 어울리며 다녔다.

오늘밤은 나의 첫번째 스페인 방문에 그리고 첫 순례의 밤이다. 순례길에 있는 숙박소들은 거의 다 남녀가 공동으로 방을 쓴다한다. 처음에는 자연스럽지 않은 면도있고 조심스럽지만 곧 익숙해졌다. 나는 한가지 신경이 쓰여 지는 것이 있었다. 아내의 말로는 내가 잘 때 코를 곤다고 하는데 여러명이 같이 자는 방에서 피곤해서 자는 사람들이 나 때문에 수면이 방해될까 걱정이되었다. Camino 길에서는 코를 심하게 고는 사람들은 순례자들 사이에 잘 알려진다고 들었다. 그중에 한 사람이 내가 되지않을까? 물론 나도 자기 전에 수면에 방해받지 않기 위해 귀를 틀어막고 잔다. 내일 아침부터 시작되는 순례를 생각하며 잠을 청했다.

#1: St. Jean Pied de Port ⇨ Roncesvalles 27km

아침이 되어 옆에서나는 바시락거리는 소리에 잠을 깼다. 주위 순례자들이 조심스럽게 움직였지만 밤새 들떠서 깊은 잠을 못 잤던 나는 금새 눈을 떴다. 부랴부랴 세면을 하러 갔는데 벌써 세면대에는 나보다 더 부지런한 사람들로 만원이었다. 이곳에서 순례를 시작하는 모든 순례자들의 첫 세면인 것이었다. 빨리 세면을 하고 짐을 챙긴 후 숙박소를 나왔다. 숙박소 밖은 벌써 여러명의 순례자들이 몇 명씩 떼를 지어 돌이 깔린 좁은 마을길을 내려 가고 있었다.   어제 저녁에 만난 순례자들끼리 벌써 어울려져서 짝을 지어 첫 순례의 걸음을 시작하고 있었다. 나는 어제 저녁 식당에서 미리 사놓은 샌드위치를 빨리 먹기 시작했다. 빈속에 산길을 걸으면 곧 힘을 못쓰게 될 거라는 것을 알기때문이었다. Pepe 와 나는 우리가 갈 산쪽 하늘을 바라보았다.   어저께 비바람을 몰고왔던 검은 구름은 서쪽으로 움직이고 있었다. 우리는 서로 얼굴을 쳐다보며 미소를 지었다.

왜냐하면 우리가 가는 방향이 서쪽이기 때문이었다. 맑아져 가는 하늘은 좋은 날씨를 약속하는 듯 하였다. Nouria, Luisa, Amal 이 모두 모이자 우리는 지팡이를 손에 잡고 길을 내려갔다. 상쾌한 아침이었다. 오랜 세월의 역사를 지닌 이 아름다운 마을을 떠나며 아쉬운 마음이 들었다. 어제 저녁과 오늘 다 합쳐서 몇 시간 밖에 못 보고 떠나야 한다는 사실 때문이었다.

마을 아래로 다 내려와 Pepe, Amal 과 나는 지도를 들여다보며 Pyrenee 산에 올라가는 길 입구를 찾았다. 오늘 우리가 갈 길은 Napoleon 이 스페인을 점령하러 갔을 때에 통과했었다는 Route de Napoleon (Route no. 62) 길이다. 아직 해가 뜨질않아 우리 일행은 플래쉬 라이터로 우리 보다 앞서 간 순례자들을 찾았다. Route de Napoleon 길 사인이 나오기 전에 Chemin de St Jacques 사인이 먼저 나오는 것을 우리는 모르고 있었던 것이었다. 다행히 우리는 저 멀리 가는 순례자 일행을 보고 그들을 쫓아갈수 있었다.

St. Jean-Pied-de-Port 에서 Pyrenee 산맥을 넘으려면 대부분 두가지 길을 선택한다. Route de Napoleon 과 Route Valcarlos 이다. 나폴레옹 장군이 스페인과 전쟁하러 갈때 만들었던 길인 Route de Napoleon 은 많이 가파르고 날씨도 변덕이 심해 잘못하면 크게 고생하고 사망할수도 있다고 순례자 사무실에서 경고를 했다. 그리고 통계적으로도 많은 순례자들이 부상이나 사망한 곳도 이 곳이라 한다. 그래서 일기예보가 좋지않은 날은 Route Valcarlos 를 추천한다. Route Valcarlos 는 8 세기 유럽의 첫 황제인 Charlemagne 가 스페인을 정복하러 갔을때 지났던 길이라한다. 이 길은 덜 가파르고 안개도 덜 끼지만 약간 더 긴거리를 걸어야 한다.

첫 날 걸음을 시작할 때 따라가야 할 길

대부분의 순례자는 Route de Napoleon 을 걷는다한다. 그 이유는 산을 오르는 어려움만큼 그 길이 주는 경치 또한 대단하기 때문이다. 또 하나의 역사적인 이유로는 중세기때 많은 순례자들이 이 길을 선호하는 이유가 길가에 나무가 많지 않기때문에 강도나 도둑들이 숨어 있을 때가 많지 않아 안전했기 때문 이라고한다. 내가 Route de Napoleon 을 선택한 이유도 그 아름답다는 경치를 꼭 보고 싶어서였다. 그리고 또 이 길이 더 전통적인 길이라 하여 나는 쉽게 결정을 해버렸다. 단지 좋은 날씨만을 기대하고 있었다. 다행이 날씨는 맑았고 이 산맥을 오르는 우리 모두에게는 행운이었다.

산을 오르기 한 시간쯤 지났을 때 우리보다 늦게 출발한 많은 순례자들이 우리를 지나쳐 갔다. 나의 걷는 속도는 우리 일행 중에서도 가장 느렸다. 순례자들은 전통적으로 'Hola! Buen Camino' 라는 인사 말을 건네고 지나쳐간다. '안녕하세요? 좋은 길을 걸으세요' 라는 의미이다. 나를 포함해 외국에서 온 많은 순례자들은 이 인사말을 금방 배우고 그들도 다른 순례자들에게 이 인사를 하며 지나간다. 이 인사말은 이제 우리가 우리의 목적지인 산티아고에 다다를 때까지 수백 번 하게될 말이다.

많은 순례자들이 나를 지나칠 때마다 나도 더 속도를 내야지 하는 충동이 생겼다. 그리고 조금 더 속도를 내었다. 그러나 얼마 되지않아 나는 내 몸이 더욱 빨리 피곤해지는 것을 느꼈다. 그 때 나는 어제 저녁 순례자 사무실에서 일하는 봉사자의 말이 생각났다. 걷는 첫날 나만의 걸음 속도를 찾으라는 말이었다. 그 말은 빨리 걷든 천천히 걷든 내가 가장 편하게 걷는 속도가 내 걸음 속도이고 그 속도를 유지해야만 오랫동안 무리없이 걸을 수 있다는 것이었다. 그 말이 맞았다. 나는 남의 걷는 속도와 관계없이 내 속도 위주로 걷겠다고 결심했다. 이제 모두가 나를 지나치는 것 같았다. 정말 나의 걷는 속도는 거북이

17

같았다. 이 속도로 내가 해질 때까지 과연 산을 넘을수 있을까 걱정스러울 정도였다.

첫 몇 kilometer 는 아주 가파랐다. 마치 이제 다가올 한 달의 걸음이 쉽지 않을 것임을 예시해 주는 듯 하였다. Pyrenees 산을 넘는 동안 아주 작은 두개의 마을을 지난다. 4 시간 안에 지나가는 Honto 와 Orisson 두 마을을 지나면 산을 다 넘을 때까지 마을이 없다. 물론 음식과 물도 구하기 어렵다. 산길을 총 25 km 를 걷는데 빨리 걸으면 8 시간 걸리지만 나의 속도로는 10 시간 걸릴 것 같았다.

걸은지 약 4 시간이 지나 Orisson 에 도착했다. 이 곳에는 Pyrenees 산의 아름다운 경치를 식사를 하면서 감상할 수 있게 마련된 식당이 있다. 또한 이 곳이 프랑스 음식을 먹을 수있는 마지막 기회 이었다. 배낭을 내려놓고 허기진 뱃속을 프랑스 야채 soup 으로 채우며 휴식을 취했다. 배가 고파서인지 그 맛은 일미였다. 그리고 내 순례자 passport 에는 두번째 도장이 찍혔다. 오늘 아침 걸은 시간은 짧았지만 아침부터 같이 걸어온 순례자들의 얼굴과 이름들을 익히기 시작했다. 그리고 이중에 어느 순례자들이 함께 산티아고 까지 걸어서 다시 만나게될까 하는 생각이 머리속을 스쳐갔다. 다시 출발하기 전 화장실을 들러야했다. 이제부터 15 km 동안은 화장실이 없기때문에 많은 순례자들이 줄을 섰다. 우리 일행은 물병에 물을 채우고 걸음을 계속했다.

Orisson 까지 올라오면 산을 반 정도 올라온 것이 된다. 길은 약간 경사가 덜해졌지만 가파른 길임에는 틀림이 없었다. 길을 걸으며 내려다보는 경치는 마치 postcard 에서 보는 그림과 같은 경치였다.

순례자들은 눈앞에 나타나는 경치를 보느라 발걸음을 멈추고 다시 못 볼듯한 이 경관들을 보면서 다시 걷고는 하였다. 마치 내 발밑에 펼쳐져 있는 거대한 양탄자 같은 계곡과 빨간 기와 지붕의 농장 주택들 사이 사이에 깔려져 있는 하얀 구름 줄기들, 파란 풀밭에 떼를 지어서 풀을 뜯고있는 수많은 양떼들, 사람이 지나가도 모른체 하며 앉아있는 젖소들, 언제 비가 왔었냐는 듯이 맑고 파란 하늘에 수를 놓은 것같이 떠돌아다니는 하얀 구름들.... 나는 이러한 경치들을 내일이면 다시 못 볼지도 모른다는 아쉬움을 뒤로한 채 순례자 일행과 함께 발걸음을 재촉하였다.

산을 3 분의 2 정도 내려갔을 때 드디어 몸에 문제가 생기기 시작했다. 내 허벅지에 경련이 일어난 것이다. 다리를 잘 관리하는 방법을 책에서 본 것이 생각났다. 발병이 나는 것을 방지하려면 처음 다리의 통증이나 물집이 나는 느낌을 약간이라도 받을 때 즉시 걸음을 멈추고 왜 그런지 파악하고 통증을 풀고 가야 한다는 것이다. 나는 멈추어 서서 허벅지를 주물렀다. 그리고 계속해서 아플때마다 즉시 멈추고 통증을 풀면서 걸었다.

산등 가까이 다다른 곳에는 넓은 풀밭이 보였고 많은 순례자들이 풀밭에 배낭을 벼개삼아 누워 바람을 쐬며 휴식을 취하고 있었다. 참 평화스러운 모습이었다. 그리고 이제까지 걸어온 산줄기와 이제 가야할 산줄기의 양쪽을 한꺼번에 내다볼 수 있었다. 그 곳 옆에는 예수를 안고 있는 성모상이 작은 돌 언덕에 모셔져 있었다. 나는 그곳에 다가가 보았다. 많은 순례자들이 성모상을 보고 있었는데 그 성모상 발 밑에는 순례자들이 놓고간 여러가지 물건들이 있었다. 병든 가족을 위해 기도를 부탁하는 카드, 순례도중 사망한 여러 순례자들의 영혼을 위한 기도의 글들, 감사의 기도가 들어있는 글, 그리고 많은 성물들로 가득차 있었다. 이 물건들 하나 하나가 모두 많은 사연이 담긴 물건 이라는 것을 알 수 있었다. 나는 여기까지 나를 올 수 있게 도와 주신 성모님에게 감사했고 감명스러운 느낌이 내 마음을 사로잡았다. 그리고 항상 목걸이로 지니고 다니는 기적의 성모님을 손으로 다시한 번 만져봤다. 내가 사랑하는 아내와 자녀들의 모습이 내 눈앞에 보였고 내가 순례를 끝나고 돌아갈때까지 부모님들이 건강한 모습으로 계시기를 빌었다.

우리 일행중 가장 명랑한 성격을 지닌 Nouria 가 나를 부르는 소리가 났다. 어서와서 단체사진을 찍자는 것 이었다. 우리 모두는 즐거운 모습으로 사진을 찍고 다시 길을 나섰다.

계속하여 산 정상을 향하여 걸었다. 도중에 몇 개의 순례자 기념비를 보았다. 순례를 하다 사망한 사람들을 위해 동료들이 세워준 기념비였다. 기념비에는 어느 나라에서 온 누가 언제 사망하였다고 설명이 쓰여져 있었다. 처음 보는 기념비 앞에 잠시 묵념을 하고 남들이 하는대로 작은 돌을 기념비 발밑에 얹어놓고 걸음을 계속했다. 정상에 거의 오르니 날씨가 변하기 시작하였다. 얼마 전 까지만 해도 따뜻했던 날씨가 차가와지면서 센 바람을 몰고 왔다. 우리 일행은 가방을 내리고 두꺼운 잠바들을 입고 모자를 썼다. 변덕스럽다고하는 Pyrenee 산 날씨를 실감하게 되었다. 곧 우리는 정상에 다다랐고 내리막 길이 시작됐다. 내리막 길이 나와 이제 덜 힘들겠구나 예상했던 나의 생각이 잘못되었다는 것을 금새 알수가 있었다. 이제 2-3 시간 내려가야할 이길은 오르막길 못지않게 가파렀고 자갈과 돌이 깔려있어 지팡이를 짚고 조심히 내려가야했다.

우리 일행 대부분은 벌써 내가 보이지 않을 정도로 앞서가고 있었다. 나는 50 대 중반 쯤 되어보이는 Luisa 와 같이 맨 뒤로 내려 갔다. 모든 것이 끝이 있듯이 오늘 하루의 걸음도 끝이났다. 오후 5 시쯤 지나자 드디어 우리의 목적지인

Roncesvalles 수도원의 지붕끝이 서서히 보이기 시작하였다. 마지막 몇 발자국을 다리의 통증을 참아가며 천천히 걸었다.

Albergue (알베르게) 라고 불리우는 순례자 숙박소는 개인이 운영하는 곳을 제외하고 대부분 예약이 되지 않는다. 선착순으로 침대를 제공한다. 그래서 대부분의 침대는 이층 침대인데 아래쪽 침대가 편하기 때문에 서로 먼저 아래를 차지 하려고 한다. 나는 거의 마지막 도착한 사람의 한명으로 오늘밤 좋은 잠자리는 기대하지 않았다. 다만 이 곳까지 무사히 올수 있었던 것을 다행으로 생각했다. 수도원 입구를 지나 숙박소안에 있는 접수대로 향했다. 그런데 접수대 쪽에서 누군가 내 이름을 부르는 것이었다. 그것은 우리 일행중 한 명인 Pepe 였다. 이들은 미리 도착해 나의 침대를 맡아놓고 내가 접수하기를 기다리고 있었다. 어제 처음 만난 스페인 친구들의 친절함에 감탄을 하였다. 내가 그들 그룹에 한 일원이 된 기분이었다. 나는 순례자 passport 에 도장을 받고 10€를 내고 그 곳에서 일하는 Hospitaleros(알베르게 봉사자) 따라 이층에 자리잡힌 숙소로 갔다. 900 년이 된 건물이지만 실내 시설은 현대식으로 깨끗하게 되어 있는 이 기숙사에 머물게 되어 다행으로 생각했다. 샤워를 하고 빨래를 하러 지하실로 내려갔다. 그 곳에서는 네델란드 에서 온 두명의 할머니들이 봉사자로 일하고 있었다. 친절하게 빨래에 서투른 사람들을 도와 주고 있었다. 이 순례길에 들어서 첫 빨래를 하게되는 나는 남들이 하는 것을 흉내내며 빨래를 마치고 옷들을 널어놨다. 널려진 내 빨래 모습들이 자랑스럽게 보였다. 아직도 불이 나는 듯한 발바닥으로 지하실에 있는 세탁소에서 이층에 있는 숙소를 오르내리느라 힘이 들었다. 빨래가 끝난 후 나와 스페인 친구들은 허기진 배를 채우려 절룩거리는 걸음으로 함께 식당을 찾아 나섰다. 알베르게 근처에 자리잡은 식당에서 저녁 식사를 했다. 처음으로 말로만 듣던 순례자메뉴 (menu del peregrinos)를 주문했다. 값도 저렴하고 맛도 괜찮다는 메뉴인데 10€ 정도 받는다. 3 가지를 골라 주문할 수 있다. 첫 번째 두접시는 식사이고 마지막 course 는 후식이다. 와인이나 맥주도 이 값에 포함이 되어있었다. 음식들은 영양가 있고 맛도 괜찮았다. 나중에 알게 되었지만 순례자 메뉴는 순례길에 있는 많은 식당에서 제공이 되는데 메뉴가 거의 같다는 것이다. 며칠 같은 음식을 먹다보면 실증이 나서 보통 메뉴에서 음식을 주문 하기도 한다고 한다. 그리고 순례가 끝날 때가되면 순례자들은 메뉴 음식들을 다 외우면서 다니게 된다고한다.

저녁 식사를 하고 Roncesvalles 수도원에서 있는 순례자 저녁 미사에 참석했다. 하루종일 힘들게 산을 넘어온 순례자들과 또 이 곳에서 부터 순례를 시작하는 순례자를 위한 미사이다.

옛날부터 유명하다는 이 순례자미사에 대해서는 책과 비디오를 통하여 이미 알고 있었다. 13 세기에 프랑스 고딕

양식으로 지어졌다는 Real Collegiata de Roncesvalles 성당은 참으로 멋있는 성당이었다. 아름다움과 웅장함이 이성당의 거룩함을 강조해주는 듯 하였다. 이 성당이 세워진 목적은 옛날부터 Pyrenees 산을 넘어온 피곤하고 부상당한 순례자를 위해서라고 한다.

미사가 시작되기 전에 우리 일행은 함께 성당에 들어가 자리를 잡았다. 벌써 그 곳에는 오늘 이 곳에 도착한 순례자들로 좌석들이 꽉 차 있었다. 미사가 시작되기 전에 성당안으로 웅장한 오르간 음악이 울려퍼졌다. 그 음악을 듣는 순간 지금 이 시간을 위해 준비했던 지난 일년 간의 시간들이 필름같이 내 머리를 스쳐갔다. 그리고 힘들다는 Pyrenees 산도 무사히 건너와 이자리에서 미사를 드릴 수 있다는 사실이 너무 기뻤고 감사했고 또 감격스러웠다. 이러한 생각과 함께 나는 깊은 묵상에 빠져있었고 어느새 내 눈가에 고여진 눈물을 느낄수 있었다.

* * * * *

일년 전 가을이었다. 내가 다니던 산호세 한인 성당에서 전례부를 맡고 있었고 그 한 해동안 열심히 준비해왔던 가을 전례 봉사자들의 피정을 무사히 마쳤다. 그리고 많은 봉사자들의 긍정적인 반응을 얻어 흐뭇한 기분이었다. 그러나 그 흐뭇한 기분도 얼마 가지않아 사라지고 곧 마음 속이 텅빈것 같은 느낌이 들었다. 그러나 예전에도 느끼었던 이 텅 빈 마음이 며칠이 지나도 이상하게 없어지질 않고 계속 머리 속에 머무는 것이었다. 나는 갑자기 이 마음을 채우고자 나홀로 어딘가 가서 며칠을 머물며 내 자신을 되돌아 보고싶은 필요성을 느꼈다. 결혼 후 직장생활을 하느라, 또 아이들을 기르느라 나 홀로 어디가서 며칠을 쉴 수 있는 기회가 없었다. 그러나 이제 아이들도 나를 필요로 하지 않을 정도로 다 커서 지금이 이러한 시간을 가질 수있는 좋은 시기 라고 느껴졌다. 그리고 이 텅빈 마음도 채우고 또 그 채워진 마음을 오랫동안 내 가슴속에 간직할 수 있는 그 무언가를 찾고 싶었다. 과연 그 것이 무엇일까 곰곰히 생각을 했다. 멋있는 산에 가서 경치를 구경하고 사진을 찍어볼까? 한 번 하고 싶었던 기차 여행을 해볼까? 등등 여러 생각을 떠올렸다. 쉽게 좋은 생각이 나질 않았다. 그러던중 꾸르실료 운동의 시작이라 할 수있는 산티아고 순례가 생각났다. 내가 들은 바에 의하면 이 성지순례는 보통 결심과 희생없이는 하기 어려운 일이고 많은 성직자들도 이 길을 걷는 것이 꿈이라는 말도 들어왔다. 분명 뭔지는 몰라도 이 길을 걷는데서 오는 그 어떠한 큰 의미가 우리에게 주어지기 때문이 아닌가 생각했다. 그러던 중 텅 빈 내 마음을 오랫동안 채워줄 수 있는 것이 바로 이 길을 걷는 것이 아닌가 하는 생각이 거의 확신있게 들어왔다. 나는 결정을 내렸다. 내가 가야할 길이 이 산티아고 순례라고 확신했다.

그리고 먼 훗날이 아닌 지금 가야 한다는 생각도 확실하게 들었다. 그런데 몇 가지 걱정이 생겼다. 첫째는 며칠만 비워도 일거리가 산떠미같이 쌓이는 직장을 어떻게 한달 이상 비울 수가 있는가 이었다. 둘째는 조금만 걸어도 쉽게 피곤해지는 다리와 체력으로 그 먼 길을 걷는 게 가능한 지이었다.

그 다음날 회사에 알아보니 휴가가 가능하지만 일 년후에 해야 한다 하였다. 몇 달 후 곧 떠나고 싶은 여정이었지만 일년 후 휴가가 가능함으로서 나의 계획의 추진은 시작됐다. 그 순간부터 나와 산티아고 카미노와의 인연은 시작되었다. 산티아고 순례 체험자들이 쓴 글들을 읽고 어떠한 장비가 필요하고 또 어떻게하면 잘 걸을 수 있는지 방법을 연구하기 시작했다. 먼저 배낭과 신발을 사고 걷는 계획을 세웠다. 다음 12 개월 동안 매달 한두 번 긴 거리를 걸어야 하겠다고 계획했다. 하루 8 km 에서 시작해 조금씩 거리를 늘려갔다. 조금씩 많이 걸을 때 마다 물집이 새로 생기기 시작했다. 나중에는 관절에 통증을 느끼기 시작했다. 시간이 지나면 물집은 자연히 아물게 돼 있지만 관절 통증은 무릎을 수술하기전에는 별 방법이 없다는 게 의사의 말이였다. 과연 내가 이 통증을 감수하면서 이 길을 걸을 수 있을까? 걱정이 앞섰다. 그러던 중 우연히 스포츠 상점에서 파는 무릎 보호대를 발견하고 시험해 보기로했다. 기적같이 이 보호대는 나의 통증을 해결해 주었다.

이것은 나에게 새로운 가능성을 가져다 주었다. 힘은 들겠지만 이제 걷기만 하면 되겠구나 하고. 얼마 후 하루종일 걷는 연습을 하기 위해 토요일 아침 일찍 아내에게 부탁해 25km 떨어진 곳에 차를 태워 달라고해서 걷기도 하였다.

그 다음 하이킹에는 30km 도 한 번 시도해봤고 그 후로 여러 주말 아침에 다른 일들을 다 제치고 집 근처에 있는 산으로 향하였다.

산티아고 길을 무사히 갈 수 있게 산티아고 성인에게 기도하기 시작했고 순례를 기다리는 하루 하루가 나에게는 마치 어린아이가 산타의 선물을 기다리듯이 희망에 가득찬 즐거운 나날들 이었다.

* * * * *

미사가 끝나고 전통대로 순례자들에게 축복을 빌어 주는 예식이 있었다. 예식이 있기 전에 주례 신부님은 이날 모인 순례자들을 소개하였다. 각 나라에서 몇 명이 순례를 하러 왔는지를 소개 시켜주었다. 프랑스, 스페인, 영국, 이태리, 체코, 브라질, 캐나다, 한국, 일본, 중국, 말레이지아, 남 아프리카 등 약 20 개국에서 온 순례자 100 여명을 소개했다. 곧 이어서 제대 앞으로 나온 순례자들에게 각 나라말로 장엄 축복 기도를 하여 주었다. 서투른 한국어로 "당신을 축복합니다" 하는 스페인 신부님의 말이 인상 깊이 들렸다. 그리고 끝으로 12 세기에

쓰여진 Codex Calixtinus 책에 나오는 칼리스투스 II 세(Callixtus II)
교황이 처음에 썼다고 믿었던 순례자들을 위한 기도를 읽고
강복예식이 끝났다. 이 기도는 산티아고 순례동안 거쳐가는
성당에서 있는 순례자 축복 예식때 꼭 빠지지 않고 읽어주는
기도문이었다. 그 기도의 내용은 다음과 같았다:

* * * * *

순례자의 기도

주님, 주님께서는 당신의 종 아브라함이
고향을 떠나 광야를 걸을 때 그를 이끌어 주셨습니다.
또한 이집트에서 당신 백성들이 사막을 건너 무사히 탈출할
수 있도록 돌보아 주셨습니다. 저희들도 주님께 더욱 가까이 갈수
있도록 Santiago de Compostela 를 순례 하고자 합니다

주님, 저희들의 여정속에
저희와 함께하시여
저희의 길을 이끌어주시고
피로속에 기운을
위험속에 안전을
저희들의 필요한 물건들을 마련 하여주시고
더위속에 시원함을
어둠속에 빛을

28

소외감 속에 위안을

그리고 어려움을 극복할 수 있는 힘을 주소서

그리하여 당신의 이끄심 속에 안전히 그리고 무사히 저희 목적지

까지 즐거움과 감사에 가득찬 모습으로

다다를 수 있도록 도와 주소서

아멘.

* * * * *

미사를 마치고 밖으로 나온 우리 일행은 다시 모여 서로의 얼굴을 쳐다보며 "Muy emocional" 이라 말하였다. 감격스러운 순간이었다는 말이였다. 그 말을 듣고 이곳에 온 모든 순례자들이 이 자리에 오기까지 각자 나름대로 희생이 있었고 또 어떠한 소망들을 가지고 왔다는 것을 느낄 수 있었다.

그 때에 같이 걸어왔던 Nouria 의 남편인 Juan Carlos 와 여동생인 Veronica 그리고 그의 약혼자인 Giovanni 를 새로 만났다. 이 세명의 새로운 순례자는 이곳에서부터 순례를 하기 위해 오늘 저녁에 도착했다. 이로서 우리 일행은 이제 8 명의 그룹이 되었다. 스페인에 사는 순례자들은 매년 휴가의 한 부분을 이곳에 오는 것으로 사용하는 사람들이 더러 있다고 하였다. 이 그룹도 일주일만 걷고 내년에 다시 와서 순례를 계속 할거라 하였다. 멀어서 평생 한 번도 오기 힘든 나와는 거리가 먼 이야기였다. 그날 저녁 나는 스페인 풍습을 잘 몰라서

실수한 일이 있었다. 나의 친구가 된 Nouri 가 자기 여동생을 오늘 처음 만나는 나에게 소개해 주었을 때 나는 그녀에게 악수를 청했다는 것이다.   스페인에서는 내 친구의 여자 친구라던지 여자의 가족을 만나면 양 뺨에 키스(Beso) 를 해야 격식에 맞는 것이라한다.   Beso 를 안하면 거리감을 둔다는 의미가 있는것 이라고한다.   나는 외국에서 온 사람이니까 모두 이해하겠지 생각했다.

모두들 피곤해 알베르게로 돌아가 곧 침대에 들었다. 나도 잠잘 준비를 하였다. 순례중 잠자리에 들기 전에 내일 아침 일어나자마자 쓸 램프, 양말, 세면도구, 수건등을 미리 빼서 내 침구 옆에 놓고 잤다. 밤 10 시면 소등이 되고 아침에는 대부분 다 일어날 때 까지 점등이 안되기 때문이었다.   그리고 남들이 자고 있을 때 세면도구를 찾느라 배낭을 뒤지면 그 소리에 옆사람이 잠을 깨기 때문에 남을 배려하는 마음으로 다들 소리없이 조심스레 행동하였다.   순례자들에게 충분한 수면을 취하는것은 그 다음날을 위하여 매우 중요하기 때문이다.

내 침대 바로 옆에는 프랑스에서 온 부부가 어제 저녁에 두 침구를 차지했다.   많이 지친 상태로 늦게 도착한 부부인데 남편이 많이 피곤해 보였다.   알고보니 이 남편은 아내의 배낭 까지 손수레에 실어 끌고 Pyrenees 산을 넘어왔던 것이다. 나는 그의 열정에 감탄했다. 그리고 아내를 무척 아끼고 사랑하는 사람이라는 것을 금새 알 수 있었다.   그 남편의 손수레에는 자그만한 싸인이 붙어 있었다. "Je tire pour vous" "나는 당신을 위해 (손수레를)끕니다" 라는 말이었다. 내 침대 옆에서 다정한 음성으로 아내를 대하는 모습을 보며 그렇게 못해온 내 자신과 비교가 되었다.

#2: Roncesvalles ⇨ Zubiri 22km

1 - 10 - 2012

순례길을 걷는 둘쨋 날이다. 대부분 아직 순례에 익숙지
않은 순례자들이었다. 아침에 모두들 분주하게 하이킹 신발을
신고 커피를 자판기에서 한 잔씩들 받아 마시고 부지런히 길을
나섰다. 아직도 깜깜한 새벽이지만 머리에 램프 하나씩들을
달고 앞길을 밝히며 수도원을 빠져나와 오늘의 목적지인 Zubiri
를 향했다. 수도원을 나와 잠시 걸으니 산티아고까지 790km
라는 큰 사인이 나왔다. 모두들 사인 앞에서 기념촬영을 하고
걸음을 재촉했다. 구름으로 뒤덮인 아침 날씨는 시원하고
상쾌했다. 그리고 오늘 걷는 거리는 어제에 비해 훨씬 짧은
거리인 22km 라 가벼운 마음으로 이야기를 하며 걸었다.

Roncesvalles 에서 떠나는 날: Pepe, Nuria, Luisa, 요한, Amal

한 두 시간을 걸은 후 카페에서 아침 식사를 하였다. 스페인 카페는 카페, 와인, 맥주는 물론 식사도 할 수 있는 곳이다. 아침식사는 보통 cafe con leche(뜨거운 우유가 들어간 진한 커피)에 Toatada (토스트한 빵)과 쨈이나 Croissant 종류의 빵이다. 3-4€로 맛있는 식사를 할 수가 있다. 나는 우유가 들어가지 않은 커피(cafe americano)를 계속 마셨다. 걷는동안 진한 우유때문에 설사가 날까 우려가 됐기 때문이다. 오늘 아침에 얕잡아봤던 이길도 오후에는 돌길로 변했고 발바닥과 무릎이 아파오기 시작했다. 어제의 피곤이 아직 덜 풀린 다리로 계속하여 걸었기 때문이다. 그러나 나는 이제부터 한달 동안 계속해서 하루도 쉬지 않고 걸어야 한다는 현실을 다시 한번 실감했다. 점점 아파오는 다리의 통증을 어떻게 하면 줄일까 생각해 봤다. 결론은 내가 지니고 가는 배낭의 무게를 줄여야

한다는 것이었다. Pamplona 에 도착하면 우체국에 가서 짐을 빼서 우편으로 Santiago 로 붙이기로 했다.

카미노는 이른 가을이었지만 오후 햇볕은 꽤 따가왔다. 뜨거운 햇볕은 서쪽으로만 향해서 가는 우리들의 왼쪽 뺨과 팔을 더욱 뜨겁게 했다. Suntan lotion 도 왼쪽 뺨에 듬뿍 더 발랐다. 어제와 마찬가지로 Luisa 와 나는 다른 일행보다 30 분이나 늦게 Zubiri 에 있는 Albergue Zaldiko 에 도착했다. Zubiris 는 작고 깨끗하고 아름다운 도시였다. 이제 나는 이 거북이 걸음이 나에게 맞는 걸음 이라는 것을 다시 한번 확인했다. Pepe 는 미리 도착해 개인이 운영하는 알베르게에 우리 일행 8 명이 들어 갈 수 있는 방을 접수했다. 방에는 이층 침대 4 개만 있는, 방 둘 밖에 없는 알베르게이지만 깨끗하고 주인도 친절했다. 샤워를 하고 빨래를 해서 아직도 햇빛이 남아있는 뒷마당 빨랫줄에 널어놓고 식당을 찾았다. 어제와 같이 순례자 메뉴를 모두 주문했다. 와인과 맥주를 마시며 즐거운 식사시간을 가졌다. 새로 만난 친구들과 연락처를 교환했다. 그리고 친구들은 다음에 내가 스페인에 올 때 그들이 사는 곳을 찾아 오라고 초대를 했다. 우리는 모두 각자 휴식 시간을 가졌다.

저녁을 먹은 지 얼마 안된 저녁 9 시인데 모두들 알베르게 옆에 있는 마케트에 가자 하였다. 밤참을 먹기위해서 먹걸이를 사러 가자는 것이었다. 모두들 각자 좋아하는 음식을 사들고 알베르게에 와서 식당 테이블에 둘러 앉아 밤참을 먹기 시작했다. 아직도 배가 부른데 왜 다들 또 먹느냐고 묻자 스페인에서는 늦은 오후에 먹고 밤 늦은 9 시 쯤 또 먹는다 하였다. 먹는 풍습이 독특하다고 생각했다. 직장 생활하는 사람들은 대부분 직장에서 아침식사를 한다고한다. 스페인은 법으로 아침식사하는 시간을 종업원들에게 30 분을 허용한다 하였다. 그리고 아직도 작은 마을에서는 오후 2-4 시는 Siesta (낮잠 자는시간) 이라 많은 상점및 정부 기관들이 문을 닫는다 한다. 참으로 여유있는 생활 방식이라 생각했다. 나는 미국과 같이 물질이 풍부한 사회에 사는 우리가 오히려 여유없이 사는 것이 아닌가도 생각해 봤다.

잠자는 시간이 넘도록 먹고 떠들며 이야기를 하다가 잠자리에 들었다.

Zubiri 에 있는 Zaldiko Albergue 에서: Pepe, Giovanni, Juan Carlos, Luisa, 요한

#3 Zubiri ⇨ Pamplona 21km

PARROQUIA DE SAN LORENZO
PAMPLONA (NAVARRA)
3-10-2017

오늘 가는 곳은 이 카미노에서 가장 큰 도시중의 하나인 Pamplona 이다.

Zubiri 를 떠나가는 길은 평탄했고 비교적 완만했다. 오르막 길도 많지 않았고 날씨 또한 시원했다.

다들 경쾌한 기분속에 Pamplona 를 향해 발길을 재촉했다. 나와 같이 가던 Pepe 는 스페인 민요곡인 "Pamplona 가는 노래" 를 나에게 가르쳐 주었다. Pamplona 의 주보 성인인 San Fermin 대축일 (7 월 7 일) 에 많은 사람들이 이 노래를 한다 하였다. 그리고 우리가 Pamplona 를 향해 가면서 흥겨롭게 부를 수 있는 노래이었다. 아주 간단한 가사였고 나같은 초보자에게는 스페인어를 배울 수 있는 쉬운 노래이었다.

* * * *

¡VIVA SAN FERMIN! ¡GORA SAN FERMIN!

"Uno de enero, dos de febrero,

tres de marzo, cuatro de abril,

cinco de mayo, seis de junio

siete de julio, ¡SAN FERMÍN!

"Uno de enero, dos de febrero,

tres de marzo, cuatro de abril,

cinco de mayo, seis de junio

siete de julio, ¡SAN FERMÍN!

A Pamplona hemos de ir,

con una media, con una media,

a Pamplona hemos de ir

con una media y un calcetín."

1 월 1 일, 2 월 2 일

3 월 3 일, 4 월 4 일

5 월 5 일, 6 월 6 일

7 월 7 일 San Fermin!

1 월 1 일, 2 월 2 일

3 월 3 일, 4 월 4 일

5 월 5 일, 6 월 6 일

7 월 7 일 San Fermin!

Pamplona 로 우리는 간다,

반씩, 반씩 점점 가까이,

반씩, 양말 신고서"

* * * * *

Pepe 는 외국인인 내가 스페인 노래를 배우려 애쓰는 것을
도우려고 계속 코치를 하였다.   우리 일행은 한 줄로 마치
어린아이들이 소풍을 가는 것 같이 민요를 노래하며 걸었다.
나는 또 이런 기회가 아니면 언제 부르랴 하며 꾸르실료때 배운
'De Colores" 민요를 그들과 같이 부르며 걸었다.

De colores, de colores
Se visten los campos en la primavera.
De colores, de colores
Son los pajaritos que vienen de afuera .....

끝없이 펼쳐지는 밭 속에 수없이 날라다니는 작은 참새들을 보며
왜 스페인 사람들이 이 노래를 순례를 하면서 불렀는가를
짐작할수 있었다.

점심을 먹고 한참을 걸으니 드디어 Pamplona 시가 나왔다.
순례자를 위하여 시내보도에는 카미노의 상징인 조깨껍질들이
박혀져있었다.   조깨껍질을 잘 따라가면서 Pamplona 시 중앙에
있는 Santa Maria la Real 성당을 찾아 걸었다.   이제까지도
그랬듯이 카미노길은 항상 마을안에 있는 주요 성당을 지나가게

만들어져있다. 그리고 성당 근처에 대부분 알베르게들이 있다. 우리는 Pamplona 에서 가장 큰 Jesus y Maria 알베르게에 도착했다. 7€를 내고 여권을 보여준 다음 순례자 passport 에 도장을 받고 침대와 베개닢을 분배받아 침실로 들어섰다. 이층 침대들 몇십 개가 일렬로 있는 곳에 내 침대번호가 있는 곳을 찾아 짐을 풀었다. 이층에도 같은 모양으로 침대들이 놓여있었다. 성당에서 운영하는 114 개의 침대를 제공하는 큰 알베르게였다.

Pamplona Albergue de Peregrinos 침대들

샤워를 하고 빨래를 했다. 그리고 무거운 배낭에서 꼭 필요하지 않은 물건들을 다 빼어 우체국으로 향했다. 한 30 분 걸어 중앙 우체국에 도착했다. 200,000 명이 살고있는 큰 도시라서 그런지 우체국 또한 큼직했고 사람들도 많았다. 나는 번호를 받고 거의 한 시간을 기다린 후 상자에 물건을 넣어 8€를

지불하고 Santiago 우체국으로 짐을 부쳤다. 순례자들의
물건은 한달 정도 Santiago 우체국에서 보관하여 준다고 하였다.
나는 나를 도와준 우체국 직원 아가씨로부터 'Buen Camino'
라는 격려 인사를 받으면서 우체국을 나와 알베르게로 향했다.
오늘 내가 부친 소포는 2kg 가 조금 넘는 물건들이었다.

알베르게에 도착하니 Pepe 가 왜 자기와 같이 가지 않았느냐
며 걱정스레이 말했다. 예전에 자기가 우체국에서 일한 경험이
있어서 도움이 될 수 있었을거라했다. 아마도 외국인인 내게
특별히 신경을 쓰는 것 같았다.

기원전 1 세기때 로마 장군의 이름을 따서 생긴
Pamplona 시 에는 두가지 유명한것이 있다고 한다. 하나는 San
Fermin 이고 또 하나는 세계적으로 유명한 Running of the Bulls
(달리는 소들)행사이다.   Pamplona 시는 주보 성인인 San
Fermin 을 기념하려 매년 7 월 7 일 부터 14 일까지 축제를
가진다. 그 축제동안 가지는 "Run of the bulls" 는 7 일동안
6 마리의 길들려지지않은 황소와 9 마리의 길이 잘 들여진
소들을 새벽마다 풀어놔 좁은 도시 길 사이를 달리게 한다고
한다.
Hemmingway 는 Pamplona 에서 잘 알려진 미국인이다.
Hemmingway 보다 더 스페인을 미국 사람들에게 알리는데에

41

기여한 사람은 없다고 한다. Hemingway 는 여러나라를 돌아 다니며 글을 썼다고 하는데 그중에서도 가장 좋아하고 사랑한 나라가 스페인이었다고 한다. 그리고 그가 쓴 "The Sun Also Rises" 라는 소설에서 Pamplona 에서 매년 실시하는 San Fermin 축제가 소개되고 "Running of the bulls" 에 관한 이야기가 나와 Pamplona 는 더욱 더 유명한 곳으로 알려지게 되었다고한다. Hemingway 소설에 나오는 Café Iruna 도 Plaza de Castillo 근처에서 볼 수 있었다.

우리 일행은 시장기를 없에기 위하여 Plaza de Castillo 로 갔다. 그 곳에서 한 식당을 찾아 즐거운 식사 시간을 가졌다. 이 날 식사 때에는 Michael 이라는 호주 에서 온 젊은 청년이 우리 일행과 같이 식사를 했는데 그는 몸집이 보통 사람 두배 정도 되는 거인 이었다. 그리고 그의 배낭도 내가 가진 배낭 두배 정도 무게의 큰 배낭을 지니고 다녔다. 그런데 몇일 전부터 그는 발에 생긴 물집 때문에 고생을 하고 있다고했다 그의 무거운 배낭이 문제일 것이라고 나는 생각했다. 내가 가지고 있는 물집 치료약을 바르긴 했지만 심각한 상태같이 느껴졌다. 산티아고 순례 준비 과정에 충분한 계획없이 갑자기 오게된 것 같았다. 가끔 엉뚱한 소리를 하지만 순진한 성격을 가진 이 젊은 청년과 함께 많은 이야기를 하며 식사를 했다.

#4 Pamplona ⇨ Puente De La Reina 24km

아침에 떠날 준비를 다 하고 모두 알베르게 앞에 있는 카페에서 아침식사를 했다. 커피, 오렌지쥬스, Croissant 모두 3€ 밖에 안들었다.　알베르게를 빠져 나오는데 지나가는 한 할머니가 San Fermin 의 유해가 있는 성당이 여기 바로 있다고하여 들렀다.　성당에 들어가니 그곳에서 관리하는 한 봉사자가 우리 모두를 부르더니 제의실로 데리고갔다. 그곳에서 그 봉사자는 우리 모두에게 도장을 찍어주고 이 성당을 소개 시켜주었다. 떠날 때는 우리 모두에게 Dolorosa 성모님 상본과 사탕 한 주먹씩 쥐어주며 친절을 베풀었다.　계획에 없던 이 성당 방문이 우리의 Pamplona 방문을 더 의미있게 해주었다.

오늘 걸을 곳은 나무가 거의 없는 길이다.　햇빛으로부터 피부를 보호하기위해 Suntan Lotion 을 미리 발랐다.　어제 Pamplona 우체국에서 빼낸 짐으로 인하여 내 배낭은 훨씬 더 가벼워졌음을 느낄 수가 있었다.　예전에도 들은 소리지만 내가

43

꼭 필요하지않은 물건들은 나의 걸음을 힘들게하고 짐이 된다는 것을 카미노에서의 체험을 통하여 또한 느낄 수 있었다. 이것 또한 나에게 주는 교훈이 되었다. 내가 살아가는데 꼭 필요치 않은 것들 때문에 나의 삶에 짐이 되는 것은 없는가 생각해보았다.

아침부터 뜨거운 햇살을 받아 덥기 시작했다. 점심때쯤 되자 사진에서만 보던 "Alto del Perdon"에 도착했다. 산등에 위치한 "Alto del Perdon"은 "용서의 산등" 이라는 말로 두꺼운 철판을 깎아 순례자 산티아고를 향하여 가고 있는 순례자들을 표현한 작품이다. 이 조각에는 써져 있는 글이 있었다. "Donde se cruza el camino del viento con el de las estrellas" - " 이 곳은 별과 바람이 만나는 곳". 말 그대로 산등에는 거센 바람이 불고 있었다.

Alto de Perdon 정상에 있는 쇠로 만든 순례일행 조각 작품

Alto de Perdon 에서 점심을 먹고 내려 오는 길은 발딛기가 불편할 정도로 울퉁불퉁한 돌길이고 그 돌길은 다음 목적지인 Puente De La Reina 입구까지 계속되었다. 평상시와 같이 남들보다 느린 걸음으로 뾰죽한 돌을 이리저리 피하면서 내려왔다. 오후에 더욱 더 뜨거워진 햇볕은 힘든 산걸음을 더 힘들게 했다. 이제 카미노를 걸은 지 4 일째이다. 몇일 더 걸으면 걷는데 익숙해진다 하는데 오늘 또 하나의 물집이 생겼다. 나보다 훨씬 빨리 걷는 Pepe 도 28 일안에 Santiago 까지 가기가 힘들게 느껴졌는지 31 일을 계획하고 있다 하였다. 그러나 서로 같이 끝가지 Santiago 에 들어가자고 다짐했다.

Puente De La Reina 입구에 있는 알베르게 Jakue 에 도착하여 짐을 풀었다. 지난 몇일 동안 프랑스에서부터 우리와 같이 걸었던 Amal 이 갑자기 집으로 돌아가야 한다고 하였다. 내가 스페인에 도착하여 처음으로 만난 Amal 의 직업은 의사다. 그런데 그녀가 일하는 병원에서 갑자기 와야 한다는 연락을 받았다. Amal 은 나에게 처음부터 많은 도움이 되었었다. 그녀만이 영어를 유창하게 할 수있어 나의 통역관 역할을 했었기 때문이다. 이 알베르게는 지하실에 있는 이유인지 습기가 차 있어 더운 날씨에 도착한 우리에게는 불쾌한 느낌을 주었다. 빨래 널을 곳도 마땅치않아 가져온 줄을 침대 사이에

묶어 빨래를 널었다.   저녁식사로 Jakue 식당에서 제공하는
buffet 를 8.5€를 내고 먹었다.

#5 Puente De La Reina ⇨ Estella 21km

아침을 먹고 있는데 Madrid 에 도착하던 날 기차에서 만났던 Boston 에서 온 Yvette 가 식당 앞을 지나고 있었다. 체격이 큰 그녀는 평화스러운 모습으로 천천이 홀로 걸어오고 있었다. 나를 본 그녀는 반가와 하였다. 나보다 이틀을 앞서 떠났던 그녀는 이제서야 내 뒤를 따라오고 있었다. 내 걸음이 거북이 걸음인 줄 알았는데 Yvette 는 나보다도 한차원 높은 거북이 걸음이었다. 느긋한 성격을 가지고 있는 그녀는 천천히 가는데 까지 가노라 하였다. 그녀와 나는 언제 다시 만날지 몰라 기념사진을 한장 찍었다.

Boston 에서온 Yvette 와 함께

오늘의 목적지인 Estella 로 향했다. Puente De La Reina 시를 빠져 나가면서 우리는 그 유명한 Puente(다리) La Reina(여왕) "여왕의 다리"를 지나가게 되었다. 아마도 카미노에서 가장 아름답다고도 할수있는 이 다리는 중세기때 세워진 돌로 만든 다리이다. 이 다리는 11 세기 Navarre 의 왕 Sancho III 의 아내가 이곳을 통과하는 순례자들이 Río Arga 강을 무사히 건널 수 있도록 Romanesque 형식으로 지었다고 한다. 다리 밑을 내려다 보니 꽤 강의 폭이 넓은 다리이었다. 만나보지 못한 여왕에게 감사하며 다리를 건넜다. 아직도 아침 안개가 자욱하게 깔린 산을 배경으로 신비스러운 모습을 감상하며 천천히 다리를 지났다. "아, 이곳에서 조금 더 머물고 싶다!" 라는 생각이 컸지만 갈 길이 먼 우리는 멀어져가는 Puente 를 다시 한번 뒤돌아보며 발길을 재촉했다.

유명한 Puente De La Reina 다리

오늘 아침에 우리 일행중 가장 막내인 베로니까가 다들 너무 빨리 걸어 걷기가 힘들다고 울며 항의했다. 베로니까는 몇일 전에 생긴 물집이 아직 아물지 않아 절룩거리면서 걷고 있었다. 우리 8 명의 일행은 걷는 속도에 따라 3 팀으로 나누었다. 오늘 날씨도 어제 못지않게 꽤 더웠다. 점심을 먹은 후 걷는 오후의 걸음은 우라들을 지치게했다.   아침 발걸음은 상쾌하고 아직 다리가 아프지않아 기도도 절로 나오고 경치도 즐기며 걸을 수가있다.   그러나 오후가 되어 몸이 지치게 되고 뜨거운 햇살 아래서 땀을 흘리며 걷게되면 아침에 생쾌했던 생각은 아랑곳 없이 왜 내가 이 길을 걸으려 하나 하고 의문마저 갖게된다. 경치 좋은 길을 걸으려면 내가 사는 곳에서도 충분히 할 수 있는 것을 왜 여기까지 와서 이 고생을 하여야하나 하는 생각이 여러번 떠올랐다. 힘이 들으니 이러한 분심이 나곤 하였다. 나는 일단 이곳에 왔으니 끝나는 날까지 이 길에 대해서 판단하지 않고 다시는 이러한 질문을 내 자신에게 하지 않기로 하였다.

점심때가 지나 12 세기에 세워진 St. Saviours 성당이 있는 Lorca 에 도착했다. 대부분의 지나온 마을이 그랬듯이 마을들은 언덕위에 세워져 있고 그중에 가장 높이 삐져나와 제일 먼저 보이는 것이 그 마을에 있는 성당이다. 그리고 집이 몇 채 안되는 작은 마을이라도 성당은 대부분 다 있었다. Lorca 에 도착해 점심식사를 할 카페를 찾았다. 우리가 한 카페에 들어서자, "안녕하세요? 무엇을 드릴까요? 맥주가 좋은데 드릴까요?" 라고 카페주인이 물어보았다. 어떻게 한국어를 하는가 신기해서 물어보니 카미노를 지나는 많은 한국사람들이 이 카페를 들러서 배우게 되었다고 하였다. 카페 입구 벽에는 한국 순례자들이 남기고 간 여러 포스트 카드가 붙어 있었다.

카미노를 걷는 순례자들중에 종교와 상관없이 걷는 사람들이 많았다. 카미노를 걸은 지 4 일째이지만 한번도 사람들의 기도하는 모습을 못 보았다. Roncesvalles 성당에서 있었던 순례자를 위한 미사를 제외하고 그 후 마을을 지날 때마다 저녁 미사에 참석하는 순례자는 단지 몇명에 불과하였다.

나는 내가 처음에 생각했던 것과는 다른 모습과 분위기속에서 카미노를 걷고 있다는 것을 깨달았다. 나와 동행하는 일행 8 명 중 미사에 참석하고자 하는 사람은 한명도 없었다. 우리 일행중 나홀로 미사에 참석하는 것 같았고 그러는 내 자신이 오히려 어색한 느낌이들었다. 이런 것들이 나에게는 실망스럽게 느껴졌다. 분명히 이 길은 순례자를 위하여 생겼고 1000 년이 넘는 동안 수많은 순례자들이 이 길을 걸으며 닦아놓은 길인데 순례를 위하여 걷는 자들이 "순례자" 라고 모두 부르기는 하지만 무엇을 순례하려 이 길들을 걷는 것이란 말인가? 단지 유명하다는 이유로 이 역사적인 길을 하이킹 하러 온 것인가? 나는 이러한 세속적인 분위기 속에 나 자신도 휩쓸려 가는 것이 불만스럽게 느껴졌다.

점심식사를 하고 걷기 시작하는데 누가 뒤에서 나를 부르며 빨리 걸어오고 있었다. 처음 보는 중년 여성이었다. "Did you lose your gloves?" 라고 나에게 물었다. 알고보니 식당에 놓고 온 내 장갑을 그녀는 나에게 전해 주려고 빠른 걸음으로 걸어왔던 것이다. 고마웠다. 이곳에서 나에게 맞는 장갑 사기도 쉽지 않은 일인데... 그녀는 Canada Toronto 에서 온 Mary 라는 사람이었다. Mary 는 은퇴를 하고 속썩이는 아들 때문에 머리를 식히려 이길을 걷는다고 하였다. 그녀는 어깨에 오직 자그마한 배낭만을 지니고 다녔다. Mary 는 매일 배낭을 써비스를 통해 다음 도착지까지 날른다 하였다. 그리고 매일 시설이 좋고 편한 Hotel 에서 묵는다하였다. "배낭을 짊어지고 다니며 값싼 Alberque 에서 묵는 우리들과는 너무 다른 스타일로 걷는구나" 라고 생각했다. 카미노를 걷는 순례자들은 거의 다 자신의 배낭을 짊어지고 다닌다. 그리고 값싼 Alberque 에 묵는다. 이것은 순례자들이 돈이 없어서라기보다 전통적인 순례 체험을 하기 위해서다. 그리고 수도원이나 정부에서 운영하는 값싼 Albergue 에 가야 많은 동료 순례자들을 만나기 때문이다. 동료 순례자들과의 만남 또한 산티아고 순례체험의 중요한 부분이기 때문이다. 카미노는 나에게 또 하나의 교훈을 가르쳐주었다. 쉽고 편한게 걷는 것보다 나의 최대한의 노력으로 애써서 걸음으로서 나에게 주어지는 것이 더 많다는것을 느끼게 되었다. 나중에 알고 보니 Mary 는 순례자들 사이에 잘 알려졌고 화제의 인물이었다.

Estella 에 거의 다다랐을 때에 첫날 Pyrenee 산맥을 오를때 만났던 "미나"라고 하는 젊은 한국여성을 만났다. 혼자 한국에서 와 순례길을 걷는 용기에 감탄했다. 미나는 종교인이 아니었지만 이 순례길을 걸으려 먼 스페인까지왔다. 그녀의 동기를 궁금해 하면서 인사를 나누고 해어졌다.

거의 4 시가 다 되서 일행은 Estella 에 도착했다.   우리
일행원중 발걸음이 빠른 Juan Carlos 는 미리와서 Alberque 에
이층침대 4 개를 자리잡아 놓고 있었다.   한 큰방에 이층침대
20 개 정도가 들어가는 깨끗한 숙박소 였다. 지친 몸에 빨리
샤워를 하고 옷을 세탁하고 빨래줄에 널었다.   강한 햇살아래
널어 논 빨래가 마르기 시작했다.

저녁식사를 하고 일행은 도시 중심지로 산보를 하러 나섰다.
수많은 작은 돌로 깔려져있는 좁은길을 지나가며 보이는
건물들은 천년이 넘는 지난날의 역사를 말해주는 듯 하였다.
Estella 에 있는 성당들을 대표하는 Iglesia de San Miguel
(대천사 성 미카엘 성당) 을 지나가며 그옛날에 이렇게 아름다운
Romanesque (12 세기) 양식의 성당이 세워졌음을 감탄하였다.
일몰 석양빛에 반사되는 성당 탑은 더욱 아름다와 보였다.
우리는 유명하다는 Puente de la Carcel 다리를 걷다가
단체사진을 찍었다.

Iglesia de San Miguel (대천사 성 미카엘 성당)

Nuria, Pepe, Luisa, Veronica, 요한, Giovanni. 샤워를 하고 식사를
하기위해 나선 일행

　　Pepe 는 시민들의 불만을 들어주고 처리해주는 정부 소속
법률가이다. 그러나 그는 세계와 스페인 역사에 많은 관심을
가지고 있어　역사와 세계 예술을 독학하고 박사과정까지
밟고있는 중이라 했다.　나는 Pepe 와 많은 시간을 같이
걸으면서 이야기를 나누었다.　다소 의견 차이가 나면 토론까지
해가면서 많은 이야기를 주고 받았다.　특히 스페인의 역사에
대해서도 자세히 설명을 해주었다.　Pepe 는 스페인 남쪽
Andalusia 라는 지역에 있는 아름다운 Málaga 라는 곳에서 왔다.
그는 본인이 살고있는 곳에 대해 큰 자부심을 가지고 있었다.
그리고 스페인의 역사와 세계적으로 스페인 문화가 널리
퍼져있는 것에 대해 무척 자랑스러워했다. Pepe 는 또한 본인이
자라난 Teba 라는 Malaga 근처에서 그곳 박물관을 맡아서

5 년동안 일했다고한다. Pepe 와 대화하면서 스페인이라는 나라는 다른 유럽국가와 독특히 다른면이 있다는 것을 알수가 있었다. 그것은 스페인은 다른 유럽국가에 비해 많은 문화와 민족으로부터 지배를 당했다는 것이다. 특히 800 년 가까이 Moors (현재 모로코, 알제리아등 북 아프리카 모스램족)들에게 점령을 당했다는 것이 이색적이다. 711 년부터 1492 년 동안 마지막 모로스족의 도시인 Gradana 가 무너지기까지 스페인의 거의 전체가 모로스족들과 어울려 지내게 되었다. Moors 족들은 스페인땅을 Al-Andalus 라고 불렀다. Pepe 가 살고있는 Andalusia 지방의 이름의 원천도 이 이름에서 온 것이었다. 이 이유로 스페인의 문화, 건축 그리고 언어까지 Moors 족의 영향을 많이 받게됐고 지금까지도 4,000 여개의 스페인어 단어와 표현들이 Moors 언어와 섞인 것들이 있다고 한다. 물론 오랜 세월을 지나며 민족들도 많이 섞이게 됐다. Pepe 에게 전형적인 스페인 사람을 표현하라 했더니 "아마도 머리 까많고 눈동자가 까만 사람일거라"고 유모섞인 투로 대답을 했다. 또 하나 나의 관심거리는 언어였다. 스페인어를 많이 하는 멕시코, 쿠바같은 남미의 스페인어 발음이 스페인의 표준 발음과 다르다는 것이었다. 그중의 가장 큰 이유는 스페인에서 미국이라는 새 대륙을 발견하고 A.D. 1400-1800 동안 새 항로를 통해 많은 사람들이 남미에 오게 되었을 때 스페인 남쪽 Andalusia 지방 사람들이 남미에 많이 오게됐던 것이었다.

스페인어로 감사하다는 말 Gracias 을 스페인에서는: "그라티(th)아쓰" (gra'THi'as)라고 하지만 남미에서는 대부분 "그라씨아쓰" (gra'ci'as)라고 발음을 한다. 지금도 스페인 남쪽 지방에서는 지금도 남미와 흡사한 발음을 한다는 재미있는 사실을 알게되어 대단한 것이나 발견한 것처럼 기뻤다.

Pepe 는 내가 나중에 스페인에 올 기회가 생기면 꼭 자기가 사는 곳에 들르라고 하였다. 아름다운 Aandalusia 지방을 보여주겠다고했고 나도 꼭 그렇게 하겠다고 대답하였다. 아는 사람이 전혀 없는 나라에 와서 언제라도 나를 반겨주는 친구가 있다고 생각하니 흐뭇했다.

Pepe 와 함께

내일은 29km 의 거리로 힘든 길이 될 것 같다. 오늘도 22km 를 힘들게 거의 8 시간 걸려 왔는데 적어도 9 시간을 걸을것을 생각하니 미리부터 걱정이 되었다.

#6 Estella ⇨ Torres del Rio 29 km

오늘 아침은 보통때보다 조금 더 일찍떠났다. 상쾌한 아침 공기를 마시면서 걷는 걸음은 가볍고 즐거웠다. 몇 km 쯤 걸었을 때 Café 가 나왔다. 평소 때와 같이 Café Cortado 를 주문했다. 대부분의 순례자들은 Café con leche 를 마신다. Café con leche 는 원두커피 espresso 에 뜨거운 우유를 1 대 1 로 섞어 만든 커피로 설탕을 곁들여 마시면 아주 맛있는 커피이다. 나도 그 커피를 가장 좋아하지만 내가 Café Cortado 를 대신 마시는 것은 다른 이유 때문이다. 순례길은 걷는 동안 길거리에 화장실이 없다. 나는 진한 우유를 마신 얼마 후 배속에 설사기가 생기는 Lactose intolerance 가 있어 특별히 조심하기 위해서이다. Café Cortado 는 Espress 의 신 맛을 없애기 위하여 우유를 약간만 넣은 양이 아주 적은 커피이다. 나중에 알았지만 우유가 안들어가고 덜 진하고 양이 더 많은 커피를 원하면 미국식으로 만든 Café Americano 를 주문하면 된다. Café Americano 는 단순히 Espresso 에 뜨거운 물을 많이 부어 묽게 만든 커피이다. 아마도 많은 미국 여행자들이 자주 찾는 style 의 커피 이다 보니 유럽 카페 메뉴에도 올라온 것 같았다.

점심때가 되어 또 다른 카페에 도착해 Bocadillo (스페인 샌드위치)를 사 먹고 다시 걷기 시작했다. 지난 며칠 동안 그렇듯이 카미노의 오후 햇살은 뜨거웠다. 그늘이 없는 길을 한참 걷다보니 온몸이 지치기 시작하고 계속 반복되는 걸음에 발바닥이 아파왔다. 곧 머리 속이 후끈후끈해지고 핑 도는 느낌이 와서 잠시 멈췄다 가고, 가도가도 또 나오는 지평선을 바라보며 물 한 모금을 마셨다. 한가지 순례길을 걸으며 배운 것은 물을 많이 마시는 것의 중요성이었다. 보통 사람들은 물은 목이 마를 때 마신다고 생각한다. 그러나 이러한 장거리를 걸을 때 물을 마시는 것이 근육을 부드럽게해 통증을 막아 준다고 한다. 그래서 물을 자주 마시고 목이 마르기 전에 마시는 것을 권장한다. 한참 걷다보니 오늘 따라 뱃속이 불편해지기 시작하여 볼일을 봐야했다. 그러나 한참을 가도 나무 한 그루도 나타나지를 않았다. 얼마 전에 느꼈던 다리의 통증도 이제는 더 이상 아랑곳없이 단지 적당한 장소를 찾는데만 온 신경을 썼다. 다행히 순례자들의 행렬 사이에 몇 분 정도의 공간이 생겨 일을 볼수가 있었다. 몇시간 계속되는 오후의 걸음으로 다리의 통증을 다시 느끼고 또 다시 내가 왜 여기까지

와서 힘들여 걷는지 의문을 또 하게했다.   그럴 때마다 나는
순례 첫날에 내가 내 자신에게 말했듯이 이 순례가 끝날때까지
판단하지 않기로한 다짐을 기억하고 다시 다른 생각으로 마음을
돌리곤 하였다.

　　내일 저녁은 지난 6 일 동안 같이 길을 걸었던 Nuria,
Veronica, Juan Carlos, Giovanni, Luisa 와 헤어지는 마지막
저녁이다.   그들은 휴가를 일주일만 얻어서 온 것이기 때문에
이제 직장으로 다시 돌아 가야한다.   그리고 내년에 이 길을
계속해서 걸을 계획이라 한다.   몇일이 안됐지만 많은 대화와
추억을 나눈 친구들이 막상 떠난다니 아쉬운 마음이 들었다.
짧은 만남의 나날들이었지만 나를 그들의 가족처럼 받아주고
아침에 일어나서부터 잘 때까지 기쁨과 어려움을 함께하면서
빠른 속도로 가까워진 친구들이다. 또 나 자신도 그들을 만나게
된 것에 감사하였다.   이 친구들과 함께 있으면서 스페인의
풍습, 언어, 표현법들을 배웠고 여러 음식점을 들르면서 이들의
음식을 맛보며 설명을 들을 수 있었다. 저녁식사 시간은 항상
즐거웠고 그들과 나누었던 이야기들은 지금도 잊지못할
추억으로 남아있다.

　　Estella 를 1 시간 반 정도 가니 유명한 Monasterio de Irache
가 나왔다 10 세기 부터 순례자들을 돌보았던 베네딕도

수도자들이 살던 수도원이다. 최근에는 수도자 지원자들이
부족해 더 이상 수도원으로 사용하지 않는다고한다. 수도원이
나오기 바로전에 Bodegas Irache 포도주 양조장에서 순례자들을
위하여 지난 30 년 동안 무료로 포도주를 제공한다고 하는
Fuente de Vino (포도주 샘물터/Wine Fountain) 을 들르게 됐다.
지나가는 순례자들은 돌벽 속에서 샘물같이 나오는 와인 수도
꼭지를 틀어 한잔씩 마시고 순례를 계속한다. 그 돌벽 아래에는
다음과 같은 글귀가 있었다.

"순례자들이여, 당신이 산티아고에 힘차고 건강한 모습으로
다다르고 싶다면 이 포도주 한잔을 마시고 당신의 행복을
위하여 건배하십시요." 우리 모두는 즐겁게 한잔씩 돌아가며
마시고 걸음을 계속했다.

Fuente de Vino: 순례자들을 위한 무료 와인

한잔의 포도주의 효과인지 Nuria 와 Luisa 는 노래를 하기 시작했다. Flamenco 춤에서 보던 서로 엇박자로 손벽을 쳐가며 합창을 하는 스페인의 전통적인 노래였다. 나중에 알고보니 "Las Sevillanas del Adios"라는 떠나가는 친구를 아쉬워하며 부르는 노래였다. 약간 슬픈 멜로디의 노래지만 두 사람이 박수를 신나게 쳐가며 노래하니 가사의 의미를 모르는 나에게는 경쾌한 스페인 노래같이 들렸던 것이다. "친구가 떠나가면 내 영혼의 한 부분이 죽고 그가 남기고간 발자국은 영원토록 내 마음속에 남는다." 라는 말로 시작되는 이 노래는 한국사람들의 정서와 흡수한 '정' 이 가득 담긴 노래였다. 이들은 다음날 우리들과 헤어질 시간을 의식하면서 미리 노래로 위안을 하면서 부른 것 같았다. 몇일 후 프랑스에서 온 순례자 한명이 나에게 해준 말인데 한국이나 스페인, 포르투갈 같은 반도에 사는 사람들의 정서에는 '정'이 많은 민족성들을 지니고 있다고 하는데 그말이 맞는 것 같았다.

카미노를 걸으면 많은 작은 마을들을 지나간다. 그리고 대부분의 마을들은 언덕 위에 자리잡고 있다. 그래서 내다보는 경치가 좋고 비가 많이 와도 홍수 걱정은 하지 않아도 된다. 단지 순례자들은 힘들게 오르막길을 걸어야한다. Torres del Rio 도 언덕위에 자리잡은 작고 아담한 마을이었다. 집은 몇 채

안돼 보이지만 13 세기에 지은 로마네스크양식의 성당이 중앙에 자리잡고있다.   나와 Luisas 는 항상 그랬듯이 맨 나중에 도착했다.   벌써 Juan Carlos 는 미리와 숙소를 잡고 우리를 맞이했다.

Juan Carlos 는 붐비는 숙박소를 피하기 위하여 대부분의 순례자들이 묵지않는 작은 Torres del Rio 를 정했다한다. 조용한 분위기에 깨끗한 숙박소에 도착해 짐을 풀었다. 이곳은 한 방에 8 개의 이층 침대가 들어있는 방이었다.   남자들은 여자들이 편한 아래 침대들을 쓸 수있게 하기 위해 다들 윗층 침대에 자리를 잡았다. 샤워를 하고 해가 넘어가기 전까지 아직 두어 시간이 남아 있어서 빨래를 베란다 밖에 널어놨다.

모두들 허기진 배를 채우기 위해 저녁 식사를 하러 나섰다. Juan Carlos 가 벌써 찾아 놓은 식당엘 들어갔다.   완전 돌로 싸여있는 식당 위층에 우리는 자리를 잡고 음식을 시켰다.   식당 분위기가 고급 식당처럼 하얀 테이블보에 와인 잔까지 깨끗이 준비가 되어 있었다.   그날 내가 먹은 Ensalada de Atun(Tuna Salad)는 어찌나 맛있었는지 아직도 기억에 생생하다.   와인을 마시면서   순례자 메뉴음식을 먹으며 대화를 나누는 즐거운 식사 시간이었다.   순례자 메뉴에는 보통 Vino Tinto 와인이 따라 나온다. 값도 2-4 €의 싼 값의 와인이지만 맛이 좋아 많은 사람들이 즐겨 마신다.   저녁을 먹고 해지는 하늘을 보면서 카페 테이블에 앉아 오늘의 여정을 일기에 담았다.

#7 Torres del Rio ⇨ Logroño 20km

오늘은 좀 일찍 일어나 출발했다. 걷기 시작하자마자 높은 산을 넘어야 하기때문에 해가 뜨거워지기 전에 많이 걷자는 계획이었다. 어제 더운 길을 걷느라 피곤해져서 오늘 비교적 짧은 길을 걷고 일찍 쉬자는 의견이었다. Logroño 는 크고 볼 것도 많은 도시이고 Tapa(작은 간식접시들)가 유명하다고 알려져 있다.

어제에 비해 덜 덥고 상쾌한 날이었다. 그러나 갑자기 문제거리가 하나 생겼다. 어제밤에 밤참까지 먹느라 과식을 한 탓인지 화장실에 가고 싶었다. 오늘따라 나무라고는 한 그루도 볼 수없는 벌판을 지나게 되었다. 작년에 화재로 그나마 있는 작은 나무들까지 몽땅 타버린 들판이었다. 나무를 찾는 일을 단념하고 순례자들이 지나가는 공백을 사용하기로 했다. 다행히 앞에 지나간 순례자와 뒤에 따라오는 순례자 사이에 10 분 정도의 공백이 생겨 다행스럽게 볼일을 허허 벌판에서 볼

수있었다.   잠시 전까지만 해도 식은 땀이 난 나였지만 지금은
날라갈 것   같은 기분으로 뒤떨어진 발걸음을 재촉 했다.

    스페인에는 17 개 의 <u>Comunidades Autónomas</u> (한국의 '도'
또는 미국의 '주') 가 있는데 Camino Frances 는 그중 4 개의
Autonomous Communities 를 지난다.   Pyrenee 산맥을
넘으면서 Navarre 로 시작해 La Rioja, Castile-Leon 를 지나
마지막에는 산티아고가 있는 Galicia 지방을 지나게된다.
카미노를 걷다보면 새로운 Communidade 가 나올 때 마다
커다란 사인판이 나온다.   그리고   이길을 지나며 각 지방의
특색을 볼 수있다.   특히 La Rioja 는 천년이 넘도록 포도주로
유명한 지방이라 많은 포도밭을 지나게 되고 카페에서도 그
지방 이름을 딴 Rioja 라는 포도주를 많이 찾을 수 있다.
Pepe 의 설명에 의하면 카페에서 'Rioja!' 라고 외치면 포도주를
한잔 달라는 정도로 유명한 이름이라 한다.

* * *

스페인의 지방들 (Autonomous Communities). Camino Frances 가 지나가는 4 지방은 화살표로 표시되어 있다.

　　우리가 오늘 도착할 도시는 Logroño 이고 La Rioja 라는 Comunidades Autónomas(주)의 수도이다. 몇 일전 지나왔던 Pampl 와 같이 큰 도시에 도착했다는 것을 알 수가 있었다. 도시 중앙에 자리잡은 Municipal Albergue(시 에서 운영하는) 을 향해서 많은 건물들과 공원을 지나 큰 다리를 건너게 되었다. Pepe 는 나에게 자랑스럽게 "이 강은 스페인에서 가장 큰 강" 이라고 설명하여 주었다. 그리고 지나는 다리 창살들 사이에 걸려있는 자물쇠들이 많이 보였다.

물어보니 그것은 사랑하는 연인들이 끊어지지 않을 사랑을 언약하고자 자물쇠를 가져와 창살들 사이에 잠그고 간 것이라 하였다. 재미있고 의미있게 사랑을 표현하는 방법을 오늘 나도 하나 배웠다.

우리는 곧 알베르게에 도착했다. 벌써 우리보다 앞서 많은 순례자들이 접수를 하려고 줄을 서 있었다. 그중에 여러 명의 낯익은 순례자들을 만나게됐다. 그중에 이태리에서 온 Giovanni 와 Marcia 도 있었다. 이들은 부부였는데 40 대쯤 되보이는 Giovanni 는 이태리에서 출장차 브라질에 갔다가 Marcia 를 만났고 결혼을 하게되고 이태리에서 산다고 하였다. 한 가지 인상 깊은 것은 Marcia 는 언제봐도 무표정한 얼굴이어서 마치 오고싶지 않은 순례길을 남편 라 온 것 같은 느낌이었다. 그래서인지 나는 우울하게 보이는 Marcia 와 대화를 여러 차례 시도했다. 그러나 우리의 대화는 항상 짧게 끝났다. 그들은 다른 순례자들과 별로 대화가 없었고 식사때도 둘만이 먹곤하였다. 비교적 성격이 사교적인 Giovanni 와 나는 대화를 나누며 우리의 순서를 기다렸다. 나의 순서가 되자 나는 운전 면허증과 순례자 passport 를 건네주었다. 알베르게에 접수할 때는 보통 여권을 보여달라고 한다. 운전면허증을 보여달라는 데는 그리 많지 않았다. 여권을 보고 어느나라에서 왔고 그리고 순례자 passport 를 보고 어디에서 부터 걸어왔는지를 기록한다. 이 접수록에 적혀진 기록으로 어느 나라에서 어느달 어디서부터 몇명이 걸어왔다는 것을 알게된다. 그래서 산티아고 대성당에 도착하면 그 통계 숫자를 미사때 발표를 하게 된다.

접수 봉사자는 나를 쳐다보며 "Ah.. coreano?" 하면서 나에게 물었다. 한국인이냐 묻는 것이었다. 산티아고 길은 최근에 들어서 동양인 중에 한국인이 가장 많이 걷는다고 한다. 6 €를 내고 배급받은 얇은 1 회용 침대와 베개껍질을 받고 정해준 침실 번호를 찾으러 이층으로 올라갔다. 비좁은 공간에 많은 이층 침대들을 배치해 놔서 침대 사이로 지나가기가 쉽지 않았다. 내 바로 옆침대는 바르셀로나에서 온 Lidia 가 맡았고 그녀의 윗 침대는 큰 몸집의 독일 중년 남자가 자리 잡았다. 그리고 그녀의 옆침대에도 커다란 독일 중년 두명이 자리를 차지했다. 나는 빨리 짐을 풀고 샤워를 하러 갔다. 샤워장은 딱 두대였고 하나는 샤워 머리 꼭지가 빠져나와 물이 억세게 쏟아져 나왔다. 6 €의 알베르게 정도의 수준인 것같은 느낌도들었다. 그러나 다들 웃으며 한 마디씩 하고 아무도 불평 하는 것을 못 들었다. 사실 불평해 봤자 내일 또 다른 숙소로 옮길 것이니 별 도움이 안되기 때문이다. 샤워를 끝내고 밀린 빨래를 했다. 아직 떠 있는 햇빛이 있기에 빨래를 줄에 널었다. 많은 순례자들이 빨래를 해서 앞마당 반이 빨래로 꽉 차있었다.

오늘 해야할 일을 다한 우리는 가벼운 마음으로 많은 사람들이 모이는 Logroño 광장으로 발길을 향했다. 대성당 옆 광장 가운데 있는 카페 테이블을 차지하고 우리 일행 7 명과 새로 만난 순례자 한명과 함께 둘러앉아 맥주를 마셨다. 나는 항상 Cerveza con limon 을 시켰다. Clara 라고도 불리우는 이 맥주는 레몬 쥬스와 섞은 것인데 알콜 성분이 적고 새콤하면서도 달콤한 맛이 있어서 여러잔을 마셔도 덜 취하게 되어서 나는 이 술을 즐겨 마셨다. 15 세기에 지은 Catedral de Santa Maria de la Redonda 성당의 거대한 두개의 종탑을 바라보면서 우리들은 힘들었던 지난 몇일의 순례길을 다 잊은 듯 웃고 떠들고 노래하며 산 넘어 사라져가는 해와 함께 잊지 못할 우정의 시간을 가졌다.

시장한 우리들은 곧 이곳에서 유명하다는 Tapa 골목길을 찾았다. 비좁은 Calle de Laurel 골목길은 벌써 Tapa 를 찾는 고객들로 꽉 차 있었다. Tapa 접시는 하나에 2 €정도로 보통 식사 값으로 여러 개를 맛 볼수가 있어 인기가 높다.

스페인에서 유명한 Tapa 의 의미는 '덮는다' 'Cover'라고 한다. 전설에 의하면 바람이 많은 남쪽 스페인 Andalucia 지방을 지나던 13 세기의 왕 Alfonso 가 마시고 있던 와인 잔에 먼지가 들어가니 주막 주인에게 Ham 쪼가리나 빵 조각을 가져오라고 해서 와인 잔을 덮었던데서 유래 됐다고 한다. 와인을 마시기

위해 생긴 Tapa 이지만 지금은 Tapa 가 주요 음식이고 술을 곁들여 마시게 됐다는 것이다.

대부분의 Tapa 접시는 버섯이나 맛있는 음식 재료를 얇은 빵 위에 얹어 먹는다. 우리가 들렀던 Tapa 점 중에 가장 인상적이었던 곧은 왕버섯 Tapa 만 전문으로 하는 곳이었다. Pepe 는 스페인의 풍습을 한가지 나에게 알려 주었는데, 친구들 끼리 모여 Tapa 점에서 술과 곁들여 먹을 때는 한사람이 술값을 다 지불한다는 것이었다. 서로 돌아가면서 음식값을 지불하는 것이 스페인의 풍습이라 하였다. 그러나 술값이나 음료수값만 돌아가면서 내지 음식값은 각자 지불한다고 설명해 주었다. 한국 풍습과는 다소 다른 풍습이라 느꼈다. 그리고 또 하나의 Rule 은 Bar 에서 서서 술을 마실 땐 나의 등과 상대방 친구의 정면이 마주 보게하면 안된다는 것이다. 술은 항상 서로 마주보며 마셔야 한다는 것이었다. 우리는 손님들로 꽉찬 Tapa 점에서 언어는 비록 잘 통하지 않았지만 같이 먹고 마시며 즐거운 시간을 가졌다.

Tapas: 간단한 간식음식. 여러 종류의 맛이 있다.

이제 우리는 내일 아침이면 헤어질 친구들이다. 짧은 시간이었지만 우리는 서로 동거동락하며 같이 지낸 친구들이다. '산티아고 친구는 영원한 친구다' 라는 말도 있듯이 이들을 나는 오래오래 기억할 것이라고 생각했다. 음식을 먹고 숙소로 돌아가는 길에 나는 기념품 6 개를 샀다. 떠나기 전 기념이 될만한 작은 'Flecha (노란 화살표)' 모양의 뱃지를 샀다.

모두들 알베르게에 도착해 빨래를 걷어들이고 잠잘 준비를 마치고 식당에들 모여 앉았다. 그때 나는 일어서서 주머니에 들은 뱃지를 꺼내며 서툰 스페인어로 한마디 했다. "mis amigos esto es para recordar nuestro tiempo en camino' "나의 친구들이여 이것은 카미노에서 같이 지낸 우리들의 시간을 기념하기 위해서" 라며 하나씩 나눠 주었다.

그들은 하나같이 일어나 눈물을 흘리며 나에게 포옹과 Beso(두빰 키스)를 하여 주었다. 젊은 Veronica 의 약혼자인 Giovanni 의 너무나도 서럽게 흐느끼며 우는 모습은 아직도 잊을 수가 없다. 나도 슬펐지만 생각 외로 이들의 슬퍼하는 모습을 보면서 약간 놀라기도 했다. 이것은 확실히 '정' 의 표현이라 느꼈다. 한국인의 특징이라 생각했던 '정'이 이들에게도 있다는 것을 분명히 느꼈다. 어쩌면 더욱 더 깊은 '정' 과 감정을 표현할 수 있는 민족들이 아닌가도 생각했다. 지난 몇일을 걸으면서 혼자 스페인에 도착한 나는 첫 날 같은 방을 쓰게 된 것이 인연이 되어 사귀게 된 이 친구들을 고맙게 생각해 왔다. 그리고 나는 이들과 같이 지내면서 스페인 사람들의 사고방식과 문화를 빠르게 익힐 수가 있었다.

오늘까지 길을 함께 걷는 동행인으로만 생각했던 일행과 헤어진다고 생각하니 왜 이렇게 아쉽고 슬픈걸까 잠시 생각을 해보았다. 그것은 내가 알지 못하는 사이에 우리들 안에 우정이 생겼고 그 우정을 나눈 친구들과의 이별이 슬픔을 가져온 것이었다. 오늘 밤 나는 뜨거운 오후 햇살을 받아가며 힘들고 지친 몸으로 왜 이렇게 고통스럽게 이 길을 걸어가야 하나라는 질문에 대한 확답을 얻게되었다. 나는 처음부터 산티아고에 가는 것에 목적을 두고 이 고행의 길을 시작했다. 그러나 나의 진정한 목적지는 산티아고가 아니라 그 산티아고를 향해 함께 가면서 만나는 친구들, 그리고 그들과 어울리면서 생기는 우정의 여정이야말로 바로 카미노 산티아고를 걷는 진정한 의미라는것을 깨달았다. 이러한 우정의 만남이 없이 온종일 걷기에만 집중하고 숙박소에 도착해 도장을 받아가면서 산티아고에 도착한다면 이 얼마나 지루하고 무의미한 순례가 될까도 생각해 보았다.

우리는 또 바쁜 내일의 여정을 위해 잠자리에 들었다.

내 침대 건너편 Lidia 옆에서 자는 거인같은 독일 순례자 세명이 코를 골기 시작했다. 그들의 코고는 소리는 침대가 울릴 정도의 심한 소리였다. 웃음이 나왔다. 서로 코고는 소리로 그들의 오케스트라 연주는 계속되었다. 그리고 침대 몇 십 개가 놓여있는 환풍이 전혀 안되는 방에 누워있으니 땀이 나기 시작했다. 나는 열을 식히기 위해 방을 나와 이층으로 가는 돌 계단에 잠시 앉아있다가 방문을 활짝 열어놓고 다시 들어가 잠을 청했다.

#8 Logroño ⇨ Azofra 36 km

내 손목 시계가 진동을했다. 아침 6 시다. 아직도 방 안은
깜깜한데 나는 눈을 떴다.

평소와 같이 이마에 후래시 라이터를 달고 침대에 앉은 채
발을 마사지했다. 그리고 Vaseline 을 발랐다. 양말을 두겁으로
신고 어제 밤 자기 전에 침대 옆에 놓았던 바나나를 먹었다.
슬리퍼를 신고 화장실에 다녀온 후 소리나지않게 조심스럽게
짐을 쌌다. 아랫층에 내려가니 벌써 몇명의 일행들이 내려와
hiking 신발을 신고 있었다. 'Buenos Dias!' 라는 아침인사를
했다. 'Bien dormir?' 잘 잤느냐? 라고 마지막 아침인사를
나누었다. 아직 잠에서 덜깬 얼굴 표정들이었지만 미소로
대답했다. 'Si, y tu Giovanni?' 그들은 본명이 '요한'인 나를
스페인어로 Giovanni 라고 불렀다. 'si yo dormi tambien' 나도
잘 잤다고 대답했다.

우리들은 아직도 깜깜한 새벽길을 나섰다. 두 길이 갈리는 가로등 아래서 우리는 버스 터미날로 한참 걸어가야하는 5 명의 친구들과 다시한번 작별인사를 하고 또 언젠가 다시 만나기를 기약했다.   이제 우리의 일행은 Lidia, Pepe 그리고 나를 포함해서 세명이 되었다.

Lidia 는 바르셀로나에 있는 큰 병원에서 간호원으로 일하는 젊은 여성이다. 아직 미혼인 그녀는 연중 휴가중 반은 카미노를 걷는 것으로 쓸 것이라고 한다. 그녀가 사랑하는 남자가 있는데 이 카미노 걸음이 끝나는 날 그가 그녀에게 청혼 여부를 말해준다고 했다고 말했다. 그녀는 근심 걱정이 많은지 담배를 계속 피우고 다니는 습관이 있었다.

어제까지는 Juan Carlos 가 모든 것을 해결했었다. 알베르게 접수, 식당등 모든것을 우리보다 먼저 가서 해결 했었다.   나는 그냥 따라가기만 하면 되었다.   그 일을 오늘부터 Pepe 가 맡아서 하기 시작했다.   그는 오늘 좀 먼 길을 걷자고 하였다. 그 이유는 번잡한 알베르게를 피하고 거리는 좀 멀지만 시설이 좋은 36km 떨어진 Azofra 에 가기위해   9 시간의 긴 걸음이 된 것이다. 오늘도 오후 날씨는 늦가을 같지 않게 햇볕이 뜨거웠다.   오랫동안 배낭과 내 몸무게에 짓눌려 오후 부터는 돌밭을 가고 있는 것 같이 딱딱하게 느껴졌다. 머지않아 오른쪽 발가락 사이에 물집들이 생기기 시작했다.   작은 물집이지만 당장 터트리고 치료를 하지않으면 나중에 더 큰 고생을 하게 되어 걸음을 멈추고 가방속에 가지고 다니던 주사기 바늘로 물집을 터트렸다. 알콜을 바르고 인조 '살' 을 붙이고 바셀린을 발랐다. 카미노를 지나는 마을에는 약국들이 꼭 있다. 초록 십자가가 붙은 가게가 약국이다. 순례자들이 가장 많이 찾는 물건이 'Ampolla-암뽀야 (물집)' 약이다. 지난 몇일동안 괜찮았던 발에 갑자기 물집이 생긴건 아마도 오늘 아침 바셀린을 많이 바르지 않은 탓인 것 같았다. 나는 요즘같이 발을 중요하게 생각해 본적도 없었지만 이 여정동안은 발을 잘 보호 해야겠다고 생각했다. 나를 아직도 몇 백 Km 남은 산티아고까지 날라다 줄 것은 이 두 발밖에 없기 때문이다. 이제까지 내가 이 두 발에게 이렇게까지 신세 진것도 평생 처음 일 것이다.

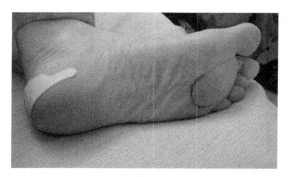

Ampolla(물집) 치료용 인조 살껍질

물집을 치료하고 절뚝거리며 한참 걷다가 한 순례자를
만났다. 이름은 Sergio 라고 하는 브라질에서 혼자 온 순례자
였다. 작은 키에 튼튼한 몸집, 그리고 거무스름한 얼굴에 별로
말이 없는 표정이 나의 관심을 끌었다. 브라질에서는
포르투갈어를 사용한다. 그러나 많은 단어들이 스페인어와
비슷해 빠르게 스페인말을 배울 수가 있는 장점을 가지고있다.
서로 서투른 스페인어로 잠깐 하다가 편한 영어로 말을
바꾸었다. 나는 그에게 걷는 고통이 여러날이 지났는데도
수월해지지 않는다고 말했다. Sergio 는 나에게 대답하였다. "It's
because our mind is not ready" "그것은 아직 우리의 마음이
준비가 되어 있지 않기 때문이다"고 말하고 그는 빠른 걸음으로
내 앞을 떠나갔다. 나는 그가 남기고 간 마지막 말이 무슨뜻인지
의문스러웠다. 분명 큰 뜻이 있는 것 같은데 나에게 하나의
수수께끼를 남기고 간 느낌이었다. Sergio 는 벌써 내 눈에서
사라지고 보이질 않았다. 얼마 안가서 뒤에서 누가 나를
부르는 소리가 났다. 얼마전에 만났던 Australia 에서 온 젊은
청년이었다. 그 옆에는 나이든 순례자가 있었는데 그는
아버지라고 나에게 소개시켜 주었다. 부자가 서로
이야기하면서 순례길을 걷는 것을 보니 우리 아들 생각이 났다.
부러울 정도로 사이가 좋아 보였다. 언젠가 이런 길을 나도 내
아들과 함께 걸을 기회가 있을까 생각해보았다. 오늘 걸음은
36km 로 비교적 먼거리였다. 시간당 평균 4 Km 를 걷는

나에게는 휴식시간을 포함해 10 시간이 넘는 거리였다. 뜨거운 오후 날씨도 도움이 안된다. 나의 휴가는 총 35 일로 충분치 않아 비행기로 오고가고 기차타는 시간을 빼면 약 30 일 정도 안으로 카미노를 걸어야했다. 그리고 걷다가 몸이 아퍼서 휴식하고 갈 수 있는 하루나 이틀을 빼면 28 일이라는 날이 나에게 주워진다. 처음 일주일을 걷고 나는 28 일 안에 산티아고에 도착하는 일이 불가능하다고 느껴졌었다. 그러나 일주일이 지난 후에는 물집에도 익숙해졌고 하루 8 시간 걷는 것이나 10 시간 걷는 것이나 별 큰 차이없이 느껴져서 약간 더 길게 걸을 수 있는 용기가 생겼다. 오직 걱정 됐던 것은 내 몸이 병들거나 부상을 입지 말아야 한다는 것이었다. 그러나 내가 혹시 다시 이 길을 걷는다면 걷는 날을 33 일정도로 하리라 생각 했다. 첫날 불란서 첫 출발지 St. Jean Pied de port 에서 추천한 여정표에도 33 일로 되어있어 아마도 33 일이 보통 순례자들에게 가장 적합한 날이 아닌가도 생각했다. 그리고 산티아고에 혹시 일찍 도착해 3 일 정도의 여유가 있다면 Finisterra 까지 걸어 갈 수있는 시간이 주워지게도 된다.

우리는 드디어 오늘의 목적지인 Azofra 에 도착했다. 아직도 La Rioja (도) 에 속해있는 이 마을은 300 명도 안되는 주민들이 살고 있다한다. 그런데 12 세기부터 순례자들을 돌보와 왔던 이 마을의 San Pedro 성당 안에 있는 의자 좌석들도 폭이 넓직하게 만들어졌다한다. 순례자들이 성당에서 자고 갈 수도 있게 하기 위해서라고 설명했다. 900 년이 지난 오늘 이 마을을 들러가는 우리는 그 옛날 순례자들의 모습을 상상해보았다. 돌 덩어리로 지여진 동네 음식점들을 쳐다 보면서 아마도 이 음시점들은 조상 대대로 지나가는 순례자들을 맞이 했을 것 이라는 생각이 들었다.

오늘 우리가 머물고갈 Albergue Municipal de Peregrinos 알베르게에 드디어 도착했다. 동네 할머니가 지나가면서 나에게 손짓을 하며 한마디를 했다 'dos camas! dos camas!' '침대 두개! 침대두개!' - 한방에 침대가 두개 밖에 없다는 말이었다. 카미노에서 한방에 침대가 둘밖에 없는 알베르게는 드물기 때문이었다. 그 할머니 말대로 방은 호텔같이 단층으로 침대가 둘밖에 없었다. Pepe 와 나는 쳐다보면서 즐거운 미소를 지었다. 적어도 한방에 침대 10 개 정도 있는 방에서 이제까지 자고왔는데 오늘 우리는 호화판으로 자게 생겼다 하였다. Pepe 는 워낙 코를 골지않아 나는 소리 걱정없이 잠도 잘 잘 것이라 생각했다.

샤워를 하기위해 줄을섰다. 그때 마침 젊은 청소년들이 그룹으로 몰려 오는 것이었다. 샤워장이 셋 밖에 없어 빨리 줄을 섰다. 내 차례가 돌아와 샤와장에 들어갔다. 평소때와 같이 알베르게 샤워장에는 물건 놓는 데가 하나도 없었다. 이곳은 옷

하나 걸을때가 없어 모든것을 문에 걸고 바닥에 놓고 샤워했다. 비누 놓을 때도 없어 불편했다. 다시 내가 카미노를 걷는다면 꼭 문위 에서 여러가지를 걸 수 있는 무언가를 가져와야겠다 생각했다. 샤워를 하고 나서 빨래를 하고 Pepe, Lidia 와 함께 Dryer 에 3€를 주고 빨래를 돌렸다. 빨래를 말리는동안 우리 세명은 알베르게 근처 카페에 갔다. 날씨가 더워 먼저 시원한 음료수를 찾았다. 나는 평소 때와 같이 내가 좋아하는 Cerveza con limon 을 마셨다. 우리 셋은 자그만한 동네광장 앞에있는 카페 테이블에 앉아 휴식을 취했다. 우리가 있는 곳으로 남자 한명이 다가왔다. 잘은 모르지만 돈을 좀 달라고 하는 것 같았다. Pepe 는 모른척하고 그를 쳐다보지도 않았다. 그가 지나가자 Pepe 는 나에게 절대 돈을 주면 안된다 하였다. 스페인의 길거리에서 구걸하는 많은 사람들이 루마니아에서 온 집시들이 많다고 불만스럽게 말을 했다. 어떤 때는 아주 어린 애기를 안고 다니며 불쌍하게 구걸을 하는 것도 봤다. 너무 불쌍한 모습에 많은 순례자들이 돈을 주었을 것 같았다.

간단한 음식으로 요기를 때우고 우리는 다시 알베르게로 향했다. 오늘은 일요일이다. 지난 몇일 동안에도 그랬듯이 나는 머무는 마을마다 성당에 들러 미사를 하고싶은 마음이었다. 그러나 여러명의 일행과 같이 다니고 또 주중 미사가 없는 마을도 더러 있어서 나는 미사없이 이 길을 걷게되는 것이 불만스러웠다. 특히 오늘은 주일이라 더욱 더 그랬다. 그러면서 나는 해가 저물어가는 알베르게 앞뜰에 있는 작은 연못을 바라봤다. 그곳에는 조금전 샤워장에서 나와 같이 줄을 섰던 많은 청소년들이 원을 그리고 무언가 하고 있었다. 바로 미사였다. 독일에서 자전거를 타고 이 순례길을 가는 카톨릭 청소년 그룹이었다. 그들은 미사 시작성가를 하고 있었다. 나도 모르는 순간 나의 발은 그 청소년들의 원속으로 향하고 있었다. 나를 본 청소년들은 내가 들어올 수있게 자리를 비켜 주었다. 내가 드리고 싶었던 미사를 기대치도 않게 하게되었다. 그리고 나는 내가 카톨릭 신자라는 것을 다시 한 번 확인할수가 있었고 그사실에 감사했다. 우리 주위에는 여러 나라에서 온 순례자들도 한두명씩 다가와 미사에 참여하였다. 잘 알아듣지 못하는 독일말로 젊은 신부님은 강론을 끝내고 성체성사를 집전 하였다. 성체성사때 신부님의 말은 한국어는 아니었지만 나는 그것이 무슨 말인지 잘 알고 있었다. "Agnus Dei, Qui Tollis Peccata Mundi, Miserere Nobis.." "천주의 어린양 세상의 죄를 없애시는 주님 저희를 불쌍히 여기소서.." 평화의 인사때 많은 청소년들과 악수를 하고 신부님이 직접 나에게 오셔서 성체를 나누어 준 감격스러운 경험은 평생 잊지못할 일이었다. 우리가 이 세상 어느곳에서 왔든지 성체를 받아 모신 우리는 한 형제 라는 것이 피부로 느껴졌다. 순례를 시작하기 전에 그리고 순례를 하는동안 나는 독일사람들에게 편견을 가지고 있었다.

그들은 표현이나 행동이 다른 나라 사람들과 비교해 딱딱하고
친절하지않게 느껴져 별로 쉽게 접근을 하지 않았었다.   그러나
내가 이 미사에서 본 독일사람들은 완전 다른 모습이었다.
그릇된 선입관 속에서 지난 며칠을 지내온 내 자신이 창피하게
느껴졌다.

#9 Azofra ⇨ Vilamayor del Rio 32.7km

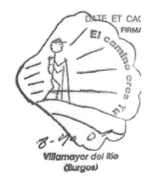

어제밤에는 조용한 환경속에서 잠을 잘잤다. 그러나 오늘도 짧은 거리가 아닌 32km 를 계획하고 있어 6 시 30 분에 기상을 했다. 일어나 발에 바셀린을 바르고 짐을 챙긴 후 Pepe, Lidia 와 함께 길을 나섰다. 이마에 모두 플래시 라이터를 달고 깜깜한 새벽길을 걷기 시작하자 얼마 지나지않아 동이 트기 시작했다. 산티아고 가는 길은 항상 서쪽 방향으로 걷기때문에 해가 뜨는 것이 보이질 않아 뒤를 자주 돌아 보면서 걸었다. 해가 뜨기 시작할 때의 모습이 하루중 가장 아름답기 때문에 매일 아침 동 트는 것을 보고 싶어서 걷는 도중 자주 뒤를 돌아다보곤 했다. 오늘 아침 뜨는 해는 먼 산 하늘을 빨강과 오렌지색으로 물들이면서 온 하늘을 한폭의 그림같이 만들었다. 내가 살아가면서 매일 뜨는 이 아름다운 해를 몇 번이나 보면서 살아갈까 하고 생각했다. 이렇게 아름다운 순간을 지난 8 일동안 계속 볼 수 있었다는 것이 행운같이 느껴졌다. 그리고 계속 순례가 끝날때까지 아침 해를 매일 맞이 하리라 생각했다. 시원한 아침 공기와 스쳐가는 풀사이로 풍겨나는 풀 냄새는 오늘도 새로운 길을 걷는 하루의 시작임을 알려주었다.   걸은지 얼마 되지않아서 순례자들이 거북이 걸음으로 가는 나를 벌써 뒤에서 따라오기 시작했다.

'Hola! Buen Camino!' 인사들을 주고 받으며 지나쳤다.

어느새 점심시간이 되니 우리는 Santo Domingo de Calzada 에 도착했다.   Santo Domingo 는 11 세기 인물이다. 신부로 신품성사를 받은 그는 그 당시 나무가 울창한 숲속을 지나가야하는 순례자들을 위하여 나무들을 제거하는 작업을 하였다.

1200 년 부터 '하늘로 가는 길' 로 알려졌던 이길을 걷는 이들은 모두가 진정한 순례자들이 아니었다.   그 중에 많은 숫자의 '가짜 순례자' 들 중에 범죄자들이 형벌로 이 길을 걷게됐고 또 자신들을 방어할 수 없는 힘 약한 순례자들을 노리는 도둑들, 거지들로 들끓고 있었다고 한다.   특히 우거진 숲을 지날 때는 강도들을 조심 해야 했다. 나무들을 제거함으로 그러한 위험도 방지하는데 도움이 됐다 한다.   Santo Domingo de Calzada 순례자들이 걷기 힘든 강에 다리도 놓고 병들고 부상당한 이들을 위한 병원을 세웠다.   이러한 성인의 업적을

기리기위해 마을이 그의 이름을 따서 불리워지고 대 성당이 세워졌다.

그러나 많은 사람에게 잘 알려져있는 Santo Domingo de Calzada 는 이 성인의 업적보다 14 세기때 일어났던 전설이 더 유명하다. 이 Santo Domingo de Calzada 의 전설은 카미노의 순례자들에게 너무나도 잘 알려져있는 이야기다.

어느 한 독일 순례자 가족이 산티아고를 가던중 배가 고파 Santo Domingo de Calzada 마을에 있는 여관에 들렀다. Santo Domingo de Calzada 는 아무 것도 없는 광야에 있는 비교적 큰 마을로 많은 순례자들이 머물고 가는 곳이었다. 이 독일인 가족은 보기 좋아 보이는 여관에 들러 저녁식사를 하고 하루밤을 머물려고 했다. 이 순례자 가족에게는 16 살된 늠름하고 잘 생긴 아들이 한 명 있었는데 그 여관 주인의 딸은 그 젊은 청년을 보자 반해버렸다. 그리고 그 딸은 청년에게 적극적인 관심을 보였지만 그 청년은 그녀에게 전혀 관심이 없었다. 이에 크게 실망한 여관주인의 딸은 그 다음날 가족이 떠나려하자 청년 가방속에다 여관에서 쓰는 은잔을 몰래 넣었다. 그리고 즉시 경찰에 고발하여 그 청년은 결국 부모가 보는 앞에서 나무에 목매달리는 사형벌을 받게 되었다. 너무나도 억울하고 슬펐지만 그 청년의 가족들은 순례길을

84

계속하기로 하였다. 그들은 산티아고에 무사히 도착 하게되고
나중에 다시 갔던 길을 되돌아 올 때 그 아들이 죽은 곳을 다시
지나가게 되었다. 그들의 아들은 아직도 높은 나무에 매달려
있었다. 그런데 가까이 가보니 청년이 움직이고 있었다. 깜짝
놀란 부모는 당장 그마을 경찰서장 집에 달려가서 이 사실을
알렸다. 그때 경찰서장은 커다란 식탁에서 잔치를 벌이고
있었다. 그 사실을 들은 경찰서장은 가족의 말을 믿지 않았고
비꼬는 말투로 "너의 아들은 이 식탁에 있는 닭과 같이 죽어서
움직이지 않으니 단념하라" 고 하였다. 그 말이 끝나자마자
식탁 접시 위에 있던 닭들이 움직이기 시작했고 테이블을
돌아다니며 울었다고한다. 이 기적같은 일에 놀란 경찰서장은
당장 그 청년에게 달려가서 나무에서 그를 내려주었고 그
독일인 가족은 아들과 함께 집으로 돌아갔다고한다. 그 후로
많은 기적들이 Santo Domingo 이름으로 이루워졌다고 한다.
800 년이 지난 지금도 Santo Domingo de la Calzada 성당
안에는 언제나 하얀 털이 달린 닭들이 있고 매달 새로운 닭들로
바꾸어 놓는다고 한다. 그 독일 청년이 매달렸던 나무 가지 한
부분도 성당 옆 유해 관속에 보관되어 있다.

이 기적이 역사적인 사실이건 아니건 믿는자의 마음에 달린
것 같다. 크리스천 종교는 기적의 종교이다. 예수의 기적부터
사도들 그리고 성인들의 순교를 통하여 그리스도인들은 많은

기적들을 목격해왔고 그로 인해 많은 선교가 이루어졌다. 나는 이 재생한 닭의 기적을 내가 믿지못할 증거가 있지 않는한 기적이라 믿고 싶었다. 내가 이 길을 걸으며 여기에 서 있다는 이 사실도 나에게는 작은 기적과 같은 일이다. 그리고 평소 잘 걷지도 못하는 내가 이 800 km 를 무사히 걷는다면 그것 또한 나에게는 하나의 기적적인 일이 될 것이라 생각한다. 이 기적의 힘에 내 발걸음을 맡기며 나는 걸음을 계속했다.

오늘 걸음은 약 10 시간이었고 마지막 몇 시간 동안 가을 수확을 끝내고 새로 땅을 일구는 작업을 하는 농부들이 일하는 밭만 바라보며 걸었다. 너무 발바닥이 아파서 마치 딱딱한 돌바닥을 맨발로 가는 느낌이 들었다, 여러차례 서서 허리를 구부렸다 폈다하면서 몸을 풀어 주었고 힘줄이 부드워지게 도와 준다는 물도 자주 마셨다.

매일 그랬듯이 오늘 하루의 걸음에도 끝이 왔다. 마을도 없는 밭들 사이에 하나의 알베르게가 있었다. Albergue San Luis de Francia 라는 알베르게는 로베르또 부부가 운영하는 숙소였다. 그 근처에서 먹을 데도 마땅치않아 숙박비 5€와 저녁 식사비 8€를 내고 도장을 받고 배치받은 방에서 짐을 풀었다. 한방에 4 명이 잘 수있는 이층 침대 둘이 있었다. Pepe 와 나는 한방을 쓰고 Lidia 는 다른 방을 썼다. 하도 외딴곳에 있는 알베르게라 그런지 순례자들은 우리셋 그리고 다른 한 여자 순례자밖에 없었다. 샤워를 하고 빨래를 하고 뒷뜰에 있는 줄에 널어놓고 뒷뜰에 모여 쉬었다. 그때 Pepe 와 이야기 하던중 Pepe 의 이름에 대해 설명을 듣게되었다. 그의 가족의 성은 Berdugo 이고 그 의미는 '사형수' 라고했다. 옛날에 사형수는 보통 커다란 칼로 목을 베어 사람을 죽이는 일을 하는 사람이었다. 이런것을 아무렇지도 않게 이야기하는 Pepe 가 용기있다고 생각되었다.

그때 저녁 식사가 준비되었다고 주인 로베르또가 불렀다. 작은 주방에서 정성껏 준비한 음식들을 순례자 네명이서 먹기 시작했다. 그때 Pepe 가 나에게 물었다. "Do you like Spanish better or French better?" 내가 불란서 사람들과 여러번 대화 하는 것을 보고서 나에게 묻는 것 같았다. 그러나 나는 둘 다 좋아하기때문에 대답하기 곤란했다. 그때 마침 Pepe 는 고기를 자르려고 오른손에 날카로운 칼을 들고 있었다. 나는 "너의 이름이 베르두고(사형수) 인데 이 질문에 잘못 대답했다간 내 목이 달아날테니 대답하기 어렸다" 고 했다. 이 말에 모두 큰 웃음을 터트리고 다른 이야기로 화제를 돌렸다. 저녁식사를 마치고 뒷 뜰에 다시 나가 널어논 빨래를 걷고 일기를 쓰려고 마당 테이블에 앉았다. 넓은 벌판에 저물어가는 해를 보면서 벌써 9 일째 날이 지나감을 알았다.

#10 Vilamayor del Rio ⇨San Juan de Ortega 32 km

9-10-12

　오늘의 목적지는 San Juan de Ortega 이다. 30km 가 넘는 하루의 걸을 거리로 짧은 거리는 아니다.

　오늘 아침에는 비가 온다는 일기예보때문에 비를 맞고 걸어가는 것이 어떨 지 궁금한 마음으로 길을 나섰다. 지금까지는 비를 맞고 걸은적이 없었기 때문이었다. 　오늘 아침에는 날씨가 흐려 공기가 시원해서 잘 걸을 수가 있었다. 그러나 오후가 되어 후덥지근한 날씨에 나무 그늘도 별로 없는 길을 가니 덥기 시작했다. 이제 오늘로서 걷기 시작한지 열흘이 되는 날이다. 　이 정도 걸었으면 이제 다리가 덜 아플거라 생각됐으나 마지막 몇시간은 아직도 통증으로 고생스러웠다. 희안한 것은 매일 똑같은 신을 신고 비슷한 길을 걷는데 왜 아픈부분이 매일 다른지. 　어제는 오른쪽 발가락이 아팠는데 오늘은 왼쪽이었다. 　언젠가는 더이상 아픈 부분이 없는 날이 오겠지 하며 계속 걸었다.

지평선을 따라 끝없이 펼쳐지는 길을 걸으며 나를 위하여 기도를 해주는 이들을 위해 묵주와 화살기도를 바쳤다. 내가 떠나기 전에 많은 교우들이 나를 위해 기도를 해준다고 하였다. 그리고 그중에 병에 시달려 기도를 부탁하는 교우들도 있었다. 나는 성당들을 들를 때마다 그들을 위해 기도를 했고 또 내가 무사히 산티아고에 도착할 수있게 청원의 기도를 바쳤다. 그리고 하루하루 힘들게 걷지만 병나지 않고 아직도 걷고있다는 사실에 감사했다.

아침에 떠난 지 9 시간이 지난 후에 우리는 San Juan de Ortega 에 도착했다. 작은 마을에 어울리지않게 큰 성당이 우뚝 서있었다. 차차 알게된 것이지만 카미노길에 세워진 많은 성당들은 마을에 사는 사람들을 위해 지워진 것이 아니었다. San Juan de Ortega 성당도 순례자들을 위하여 12 세기에 지은 성당이라 한다. San Juan de Ortega 는 어제 지나왔던 Santo Domingo 의 제자였다고 한다. 그 당시 도둑과 강도들로 들끓는 이 지역을 거쳐가는 순례자들을 위하여 병원, 다리, 성당 그리고 숙소들을 지었다. 그가 지은 아름다운 이 성당에는 유명한 것이 한가지 있다고 한다. 그것은 일년에 딱 두 번, 춘분과 추분때 빛이 성당위로 들어와 성당안 기둥위에 조각되어있는 성모마리아 (엘리사벳을 방문했을때) 조각상을 비춰준다는 것이다. 이성당을 처음 지을 때부터 이것을 염두에 두었었는데 최근에서야 이러한 사실을 재발견했다 한다.

우리는 성당옆 광장에 있는 알베르게에 5€를 내고 접수하고 샤워를 하고 빨래를 했다. 알베르게는 16 세기 중세기때 돌로 세워진 이층 건물로 옛 역사를 스스로 말해주는 것 같았다. 큰 돌로 지워진 이층 난간 돌 위에 빨래를 펼쳐놓고 옆 카페에가서 맥주로 목을 적셨다. 그때 비가 막 쏟아지기 시작했다. 산티아고 길에서 맞는 첫 비였다. 나는 빨리 다시 알베르게로 올라가 빨래를 거두어들였다. 6 시가 되자 순례자를 위한 미사가 있다고 하였다. 약 20 여명의 순례자들과 함께 미사를 하였다. Pepe 와 Lidia 도 나와 같이 참석했다. Lidia 는 무신론자다. Pepe 는 영세는 받았지만 미사에 참석을 하지 않는 것을 알았다. 냉담자와 무신론자가 나의 동반자들이었다. 차츰 알게 된것이지만 산티아고를 걷는 사람들이라고 다 믿음이 있는 사람들은 아니었다. 그리고 그리스도인들이라고 다들 카톨릭 신자들도 아니었다. 독일이나 한국등 여러 나라에서 온 많은 개신교 크리스천들도 만났다. 이 길을 걷는 사람들 중에는 '순례자' 로서가 아닌 단지 역사적으로 유명한 길을 걷는 체험을 목적으로하는 사람들도 많았다. 각자 자기가 원하는 목적을 체험코자 이곳에 온 것이다. 그러나 이 모든 사람들이 어떠한 목적으로 이곳에 왔던간에 이 길을 걸으며 각자 나름대로 많은 것을 체험하고 느끼고 평생 잊지못할 그 무엇인가를 체험하고 가는 것 같았다. 처음에는 이러한 생각이 이상하게 느껴졌지만 차츰 이 모든이들이 종교의 차원을 넘어서 나의 동반자요 또

90

나의 친구로 느껴지고 서로 돕고 도움을 받아가며 같은 길을 간다는 것을 체험했다.

미사가 끝나고 모든 순례자들이 성당 안에 원을 그리고 순례자들을 위한 축복을 비는 예절에 참여했다. Roncessvalles 성당에서 들었던 순례자들을 위한 기도를 다시한번 들었다.

"주님, 저희들의 여정속에 저희와 함께하시여 저희의 길을 이끌어주시고...... 소외감속에 위안을 그리고 어려움을 극복할 수 있는 힘을 주소서. 아멘" 이 길을 걷는 우리 모두를 위해 누군가 항상 우리를 위하여 기도를 하고 있다는 것을 다시 한번 확인했다.

순례자 미사를 마치고 곧 식사를 하였다. 이 지방에서만 만든다는 약간 순대같이 생긴 음식을 주문해 먹었다. 맛은 그런대로 괜찮았다. 식사후 독한 노란 술 (Afrer Dinner Drink) 을 Pepe 가 권해 모두 마셨다. 모두들 약간 취한 분위기에 아직도 미혼인 Lidia 가 Pepe 와 나에게 어떻게 지금 아내에게 청혼했냐는 질문을 했다. 눈을 반짝거리며 박수를 쳐가며 우리의 체험담을 듣는 Lidia 의 모습이 인상적이었다. 결혼을 아직 안한 여자들에게는 평생 한번 겪는 청혼의 체험을 남자들보다 더 소중히 느낀다는 것을 알수 있었다. 저녁 식사를 한 우리는 빨리 올라가 닦고 잠자리에 들었다.

#11 San Juan de Ortega ⇨ Burgos 25.6 km

오늘은 카미노에서 가장 큰 도시중 하나인 Burgos 를 가게 된다. 그리고 스페인에서 가장 큰 성당중의 하나인 Santa Maria 대 성당을 보게된다. 또한 Burgos 까지 걸으면 우리는 300km 를 걸어온 것이 되어 산티아고까지 남은 거리가 500km 가 된다. 거의 절반이 가까워 온다는 것이다.

아침일찍 San Juan de Ortega 를 떠나 2 시간 정도 가니 오르막 길이 나왔다. 길도 돌투성이인데다 가파라서 천천히 길을 골라가며 산을 올랐다. 1 시간 정도 오르니 커다란 Curceiro(십자가)가 돌덩어리들 가운데 우뚝 서 있었다. 이 언덕의 정상에 오른 것을 알 수 있었다. Pepe 와 Lidia 는 벌써 한참을 앞질러가서 보이지가 않았다. 나는 길바닥을 살펴가며 한참 걸었다. 약 30 분쯤 가다 돌아보니 내 뒤에서 금방이라도 따라올 것 같은 순례자들이 보이질 않았다. 나는 길을 잘못들어 나홀로 걷고 있었다는 것을 깨달았다. 산티아고의 길들은 가끔 나오는 시멘트 블락으로 만든 공식 이정표외엔 노란 페인트로 그린 화살표가 대부분이다. Flecha 라고 불리우는 이 화살표는 앞을 잘 보고 가지않으면 지나치기가 쉽다. 어떤 화살표는 바닥에 있는 돌에 어떤 화살표는 어느집 처마밑에 어떤 때는 작은 차돌멩이로 화살표 모양이 땅에 만들어져있다. 그날따라 나는 힘들어서 그런지 바닥만 보며 걷다가 내 머리 윗부분에 그려있는 화살표를 못 보고 지나쳐 버렸다.

나는 길을 되돌아갔다. 아니나 다를까 오른쪽으로 가는 작은 화살표가 나타났다. 벌써 1 시간 이상 시간을 소비해 버렸다. 이제 정신을 차리고 허리를 펴고 앞을 보면서 걸었다. 한번 더 길을 잃었다간 해지기 전에 도착지에 다다르지 못할 것이 분명했다.

조금 있으니 드디어 카미노에서 처음으로 비가 오기 시작했다. 그러나 비가 계속해서 오지않고 오다 말다 했다. 방수옷을 입었다 벗었다 하는게 귀찮았다. 나중에는 그냥 비를 맞으며 걸었다.

한참 가니 Pepe 와 Lidia 가 나를 기다리고 있었다. Burgo 시내에 들어가기 전에 같이 걷고자 나를 기다린 것이다.

Burgo 시는 듣던대로 큰 도시였다. 카미노 산티아고 길에 있는 Plaza del Mio Cid 를 지날 때 중앙에 세워져 있는 거대한 동상이 있었다. 어느 한 용사가 말을 타고 큰 칼을 앞으로 내밀고 전진하는 모습이었다. 알고보니 11 세기때 아랍족들을 물리친 그 유명한 El Cid 장군 이었다.   El Cid 이라는 이름도 아랍 사람들이 지어준 이름 이라한다.   예전에 Sophia Loren 과 Charlton Heston 이 출연하는 'El Cid'라는 영화를 본 생각이 어렴풋이 났다.   Burgos 사람들은 천 년이 지난 오늘날에도 이곳에서 태어난 이 영웅을 자랑스럽게 여기고 있었다.   생각 같았으면 좀 머물고 갔으면 했지만 우리는 해가 지기전에 순례의 길을 계속 하여야 했다.

모든 도시가 그렇듯이 우리의 알베르게는 시내 한 가운데에 있었다.   그리고 보통 알베르게는 성당 근처에 몰려있기 때문에 카미노 순례자길은 항상 마을의 성당을 지나가게 되어있다. 돌이나 시멘트로 만들어진 큰 도시의 길을 지나가려면 너무 바닥이 딱딱해서 발이 고통스러워진다.   짊어진 배낭을 매고 딱딱한 길을 한참 가면 맨발로 돌 위를 걸어가는 느낌이 들기 때문이다.   또한 시내 도로 바닥에 가끔씩 있는 조개 껍질 이정표도 잘 보고 다녀야 길을 잃지 않는다.   Lidia 가 길을 잘 찾아다녀 앞장을 섰다.   시내를 들어온 지 1 시간쯤 지나 드디어 성당 탑이 보였고 우리가 찾던 알베르게에 도착하게 됐다. Burgos Centro 라고 불리는 이 알베르게는 시에서 운영하는 곳 으로 마치 커다란 호텔같이 4-5 층에 엘리베이터도 있는 신식 건물이다.   깨끗하고 현대 시설을 갖춘 알베르게에 5€를 내고 방을 받았다.   샤워를하고 비에 젖은 우리의 옷들을 모아

세탁기에 넣었다. 그곳에는 많은 순례자들이 모여 있었다. 빨래를 하는동안 그 옆에 있던 젊은 동양 아가씨들과 이야기를 했다. 말레이시아에서 왔다고 한다. 영어를 유창하게 하는 두 학생들은 책과 영화를 보고 카미노에 오게됐다고 한다. 그리고 South Africa 에서 온 젊은 여성은 샤워를 며칠에 한번 한다고 '자랑' 했다. 옆에서 냄새 난다고 누가 뭐라고 할 사람이 없으니 자기는 상관 안한다고 했다. 빨래가 마르는 동안 여러 나라에서 온 순례자들과 이 길을 걷게된 동기들을 이야기 하면서 대화를 나누었다. 마치 유엔에 온 것같이 세계 방방곳곳에서 사람들이 모인 것이었다.

마른 빨래를 분리해 배낭에 정리해놓고 우리 셋은 Burgos 성당을 구경하러 나섰다. 나는 성당 구경보다 미사에 참여하고 싶었다. 미사에 관심이 없는 이 두 동반자들에게 나는 미사에 갈 터이니 카페에서 나중에 만나자하고 나는 성당으로 들어갔다. 성당은 말 그대로 규모가 컸다. 성당 안에는 소성당들이 있었다. 소성당도 큼직하여 200 여명이 들어갈 만한 크기였다. 마침 미국 관광객들을 위해 영어 미사가 시작되고 있었다. 나는 그들 사이에 자리잡고 미사를 드렸다. 매일 미국 신부님이 영어 미사를 드리는 것을 보아 이 곳에 미국 신자들이 많이 방문하는 것 같았다. 미사를 마치고 광장으로 가니 Pepe 와 Lidia 가 광장 한 복판에 있는 카페에서 맥주를 마시고 있었다. 나도 자리를 잡고 맥주를 마셨다. 그때 내가 Pepe 에게 하고 싶었던 말을 했다. Pepe 는 카톨릭 교회에서 영세를 받은 신자이다. 그러나 그가 미사에 참석해도 성체를 모시지 않는 것을 나는 보았다. 나는 카미노 순례길을 걸으며 미사때 성체를 안 모시는 것이 너무 이상했다. 나는 그에게 왜 성체를 안 모시냐고 물었고 그는 '마음이 준비가 되지 않아 모시고 싶지 않다' 고 대답했다. 나는 그에게 평생 한번 밖에 못 걸을 수도 있는 이 순례길을 걸으며 바로 이길에서 더욱이 성체를 모셔야 하지 않겠냐 하고 말했다. 나는 Pepe 에게 "하느님의 은총은 우리가 준비가 되어있든지 안되어있든지를 막론하고 모든 이들에게 똑같이 내리신다. 내가 그 것을 거부하지 않는한 주님의 은총은 우리에게 내린다. 산티아고에 도착해서 꼭 성체를 모셔라"고 강하게 권고 했다.

이 말은 권고 라기보다 친구를 위하여 나중에 후회될까봐 그에게 한 말이었다. 그리고 나는 그가 나의 친구라 생각해서 이 말을 한다고 하였다. 그 말에 Pepe 는 황당해 하며 왜 내가 "남의 신앙에 간섭하고 이래라 저래라 하냐"하고 Lidia 를 쳐다봐가며 불만스럽게 언성을 높여가며 대답했다. 그러고 난 후 우리는 모두 한동안 말없이 조용해졌다. 나도 그렇게까지 Pepe 가 기분 나빠할 지 몰랐다. 나 자신도 생각외의 반응에 기분이 좋지 않았다. 그때 마침 비가 또 쏟아지기 시작했다. 우리는 뛰어서 근처에 있는 식당으로 들어가 음식을 먹었다. 맛있는 음식들을 시켜 먹었지만 조금 전에 있던 일로 Pepe 와

나는 Lidia 를 가운데 두고 별 대화없이 식사를하고 알베르게로
돌아왔다.

#12 Burgos ⇨ Hontana 32 km

　시설이 좋은 알베르게를 떠나기가 아쉬었다. 하루 더 묵고 싶었지만 아침 8 시면 모두 다 방을 비워 주어야 하기에 일찍 떠나야 했다. 그 다음 순례자들을 위하여 방을 정리하고 청소할 시간이 필요하기 때문이다. 하지만 병든사람들에게만은 예외라 한다.

　오늘도 32km 의 거리로 짧은 거리는 아니었다. 가는 길에 하루종일 비가오고 구름이 잔득 낀 하늘을 보면서 걸었다. 거센 바람을 막아가며 걸으니 속도가 느려졌다. 점심 후 걸을때 왼발바닥이 불편함을 느꼈다. 신을 벗어 보니 동전만한 물집이 왼족 발바닥에 새로 생겼다. 며칠전 떠난 Giovanni 가 주고간 주사기 바늘로 물집을 터뜨리고 치료를 했다. 왼발의 쓰라림에 나의 걸음은 점점 느려지고 모든 순례자들은 나를 지나가고 있었다.

　한참 가니 Lidia 와 Pepe 가 보였다. 길가에 한참앉아 나를 기다리고 있었다. 나를 기다려주는 것도 나에게는 부담이 됐다. 누가 나를 기다리는 것을 알면 나의 걸음 속도는 내가 편한

속도보다 조금 더 빨리 가려고 노력하기 때문에 육체적으로나 정신적으로나 나에게는 스트레스이다. 나를 기다리지말고 계속 가라고 권하였다. 그런데도 그들은 나를 기다리고는 하였다. 오늘의 목적지인 Hontanas 는 아주 작은 마을이었다. 돌로 깔린 좁은 마을길 사이에 자리잡은 Santa Brigida 라는 알베르게에 접수하고 짐을 풀었다. 개인이 운영하는 숙박소라 작지만 깨끗하고 현대식 전자 레인지 주방까지 갖춘 시설이 잘 되어 있는 곳이었다 값은 6€. 샤워와 빨래를하고 서둘러 해가 지기전에 줄에 널어놨다.

성모 성당 뒷 뜰에 널어논 빨래들

우리가 묵었던 알베르게 바로옆에는 Iglesia de Nuestra Señora de la Concepción (잉태하신 우리의 성모 성당) 라는 작지만 하얀돌로 만들어진 로마네스크 양식의 성당이 있었고 종탑이 마음에 들었다. 빨래가 마르는동안 나는 성당 주변를 걸었다.   일몰하는 오렌지색의 햇빛에 물들은 성당은 도취될 정도로 아름다워 걸음을 멈추고 한참동안 쳐다 보았다.

저녁 식사전에 Pepe 와 나는 Lidia 를 기다리는 동안 맥주 한잔을 시켜놓고 내일 일정에 대해 이야기했다.   그러다 Pepe 는 갑자기 나에게 손가락을 입 안에 넣는 시늉을 하며 말하였다. "Cuando llegue a santiago, me comeré Eucaristía " "산티아고에 도착하면 그날 나는 성체를 모시겠다." 라고 말하였다.   어제 나에게 항의하듯이 불만하던 Pepe 가 하루사이에 마음을 바꾼것이었다. 그 말에 나는 잠시 멍하였다 그리고 그를 쳐다보고 말없이 그의 등을 토닥거려줬다. 내가 어제 해야할 말을 했던 것이 다행이었다고 생각했고 Pepe 의 변화에 대해 감사하게 생각했다.   곧 Lidia 가 와 모두 식사를 하러 Albergue el Puntid 에 갔다. 작지만 아담한 식당에서 많은 이야기를 하며 식사를 했다. 특히 영화에 대해 많은 이야기를 했는데 놀란것은 스페인 사람들이 미국 영화에 대해 많이 알고 있다는 것이었다.   내가 모르는 미국 영화들과 영화 배우들을 거의 다 외우다시피 잘 알고 있다는 것을 알았다.   스페인 사람들중에 미국 문화에 대해 적대감을 가지고있는 사람들을 많이 봤다.   그러나 자본주의로 세계에 영향을 주고있는 미국을 싫어하면서도 반면에   영화나, Internet Technology, Google, Facebook, McDonald, KFC, Burger King 등등 미국의 문화를 갈망하고 또 받아들이고 있다.   스페인의 경제는 유럽에서

다섯번째다 그러나 최근에는 실업률이 25%가 넘는 속에
경제난으로 시달리고 있다.   우리에게는 한번도 그런 일이
없었지만 경제가 어려워짐으로 가끔 알베르게에서 도난 사건이
일어난다고 어느 한 알베르게 봉사자가 귀뜸을 해주었다.
순례자들 배낭속에는 별로 값나가는 것이 없다.   그러나 특히
요새 많은 사람들이 가지고 다니는 Smartphone 과 카메라를 잘
챙기라는 말을 하였다.   내일을 Fromista 까지 35 Km 의 거리를
가야하므로 피곤한 우리들은 일찍 잠자리에 들었다.

#13 Hontana ⇨ Fromista 35 km

오늘도 어제와 비슷한 거리였다. 다행히도 비가 오지않고 시원한 바람이 부는 걷기에는 적당한 날씨였다. 오늘은 가는 길에 여러 성당들을 지났다. San Anton 이라는 작은 마을을 지날 때 페허된 Monasterio de San Anton 을 지나갔다. 돌 조각으로 Arch 를 만든 거대한 성당 앞을 통과했다. 12 세기에 세워진 이 성당도 지나가는 순례자들을 돌보기 위해 세워졌다. 그 당시 곡식에 생기는 곰팡이로 인하여 먹은 후 몸안이 불덩어리같이 뜨거워지는 병(Fire of San Anton)이 돌고있어 이들을 돌보기위해 프랑스 수녀들이 지은 수녀원이었다. 바로 나같은 순례자를 위하여 많은 사람들이 이러한 노력을 했다는 것을 알게된다.

지난 몇일동안 걸으며 느끼게 된 것이지만 이 카미노 산티아고를 걷다보면 많은 성당과 수도원을 지나게 된다. 나는 처음에는 산티아고로 가는 이 카미노 순례길이 유명한 유적들을 여기저기 보면서 걸을수있는 코스(Course)로 만들어진 곳으로

102

생각했었다. 그러나 사실은 그 반대이었다. 내가 걷는 이 프랑스 카미노(Camino Frances) 를 지도에서 보면 프랑스에서 산티아고까지 거의 직선으로 되어있다. 산티아고 꼼뽀스텔라 성지가 생긴후 바로 수 많은 순례자들이 방방곡곡에서 걸어오기 시작했고 그들의 영적신앙을 위하여 성당들이 세워지고 병든 순례자들을 돌보기 위하여 병원이 세워지고, 그들이 묵고 갈 수있는 알베르게들이 생긴 것이다. 다시 말해서 길이 먼저 생겨졌고 그 길에 지금 우리가 보고가는 성당과 마을들이 지난 천년이라는 세월을 통해 생겨졌다는 것이다. 내가 이 오래된 역사를 보고 느끼며 간다는 사실은 참으로 감명깊은 사실이었다.

Fromista 를 가는길은 아름다웠다. 늦가을에 노랗게 단풍이든 가로수들이 끊임없이 내가 가는 길 양쪽을 단장해 놓고 있었고 그 사이에는 농사용으로 쓰여지는 수로가 흐르고 있었다. 파란 하늘에 양떼들같이 몰려다니는 구름들과 수로물에 비추어지는 가로수들의 모습을 감상하며 시간 가는 줄 모르고 길을 걸었다. 어느새 우리는 오늘의 목적지인 Fromista 에 다달았다. 그렇게 크지 않은 도시라 그리 많지않은 도시길을 걷고 시내중앙에 도착했다. 나는 약국을 찾았다. 내가 가지고있는 물집파스가 다 떨어졌기 때문에 새로 더 구입 해야하기 때문이었다. 오늘은 10 월 12 일로 스페인의 공휴일이다. 이날은 콜롬버스가 미국을 발견한 날을 기념 하기위해 Fiesta Nacional de España 로 정해져있다. 스페인

사람들은 콜롬버스가 미국에 착륙함으로서 새로운 세계의 정복에 첫 걸음이 되었기에 이 일을 자랑스럽게 생각한다. 아이러니한것은 콜롬부스는 스페인이 아닌 이태리 사람 이었던 것이다.   그래서 미국에서 Columbus Day 로 불리우는 이날을 이태리계통의 미국인들은 그들의 유산으로 생각하며 지낸다. 어찌 되었던간에 콜롬부스를 제외한 3 척의 배와 선원들은 다 스페인 것이니 스페인 사람들이 자랑스러워할만도하다 생각했다. 스페인 공휴일에는 모든 상점들이 문을 닫는다고 들은 적이 있어서 오늘 약국에 들르는것은 내일로 연기 해야겠다고 Pepe 에게 말했다. Pepe 는 나에게 스페인에서는 공휴일이라도 그 도시에 약국 하나는 항상 열게 되어있다고 설명을 해줬다. 일리가 있는 말이라 생각했다.

공휴일이라 한가한 분위기에 Fromista 마을 사람들은 별로 안보였고 순례자들 여러명들이 알베르게 앞에서 휴식을 취하고 있는 것을 보았다.   Pepe 는 앞장을 서서 우리가 묵고갈 알베르게를 찾고있었다.   우리고 묵고갈 숙소를 찾아 들어갔다. 며칠동안 밀린 빨래때문에 첫번 째의 조건이 세탁기계가 있어야 하는 것이었다. 6€를 내고 우리들의 순례자 Passport 에 도장이 찍히고 개인이 운영하는 알베르게 Estralla del Camino 에 짐을 내리고 샤워를 했다.   이곳은 빨래를 다른 곳에서 해가지고 온다고 하였다. 우리 셋은 돈을 모아 7€로 세명의 빨래감을 알베르게 주인에게 건네 주었다.   정부에서 운영하는 알베르게보다 이곳은 1€가 더 비싸서 그런지 이곳에 머무는 순례자들이 별로 많지 않았다. 카미노는 돈가치가 있는곳이다. 5€만 더주면 아주 시설 좋은 알베르게에서 잘 수가있다. 그러나 보통 순례자들은 비싼곳을 피하고 값싼 곳을 찾는다. 대부분 값이 싼 알베르게는 수도원이나 정부에서 운영하는 곳이고 전통 깊은 알베르게이다. 그리고 그런 곳에 가야 많은 순례자들도 만날 수가 있기 때문에 순례자들이 선호 하는것 같았다.

저녁을 먹기 전에 그 마을에서 역사깊은 San Martín de Tours 성당을 보러 나섰다. 로마네스크 형식으로 만들어진 이 성당도 11 세기에 세워졌다. 우리가 지나온 많은 성당들은 이 순례길에 11-12 세기에 대부분 세워졌다. 멀리서 보면 다 똑같아 보이지만 이 성당에서 유명한 것은 처마밑에 300 개가 넘는 각기 다른 사람과 짐승들의 조각들이다. 이 많은 조각들로 마치 천당과 지옥을 표현한 것 같았다. 성당에 가까이 가니 많은 사람들이 성당 정문앞에 몰려있었다. 가보니 혼인 미사가 진행되고 있었다. 성당은 앉을자리도 없이 꽉 차있었고 제대 오른편에는 검은 양복들을 입은 성가대가 노래를 하고 있었다. 우리 셋은 문옆에 서서 구경을 했다. 결혼을 하는 신랑 신부를 축복해주는 성가가 울려 퍼졌다. 모든 것이 돌로 만들어진 성당 안의 높은 천장에 울리는 성가는 마치 콘서트 홀에서 들리는 성악곡과 같았다. 내가 다시 시계를 돌려 옛날로 돌아갈 수 있다면 바로 이곳에서 혼인미사를 하겠다고 생각했고 아내가 얼마나 좋아할까하는 생각이 순간적으로 머리를 스쳐갔다. 마치 영화를 보는듯한 로맨틱한 모습들이었다. 결혼에 관심이 많은 Lidia 의 눈빛은 매우 부러워 하는 것 같이 보였다.

우리는 시장기가 돌아 식당을 찾아 나섰다. 오늘이 공휴일이라 식당들은 거의 다 문을 닫았다. 다행히도 열려있는 식당 한곳이 있어 들어가 식사를 했다. 우리 바로 옆에는 미국에서 혼자 온 여성 순례자가 식사를 하고 있었다. 스페인말을 전혀 못해 Smartphone 으로 통역을 해가며 음식을 주문 하는 모습이 인상적이었다. 스페인에서 스페인어를 조금하는 것과 전혀 모르는것과는 크게 다르다. 스페인 단어 50 개 정도만 알아도 급한대로 먹고 자는데는 문제가 없다. 그리고 순례자들이 스페인어에 서툴러도 인내심있게 우리를 이해 하려 하는 것을 많이 봤다. 나는 이번 스페인 방문이 처음이다. 지난 2 주동안 내가 대해본 스페인들은 대부분 친절하고 순수하게 외국 순례자들을 대해주었다.

저녁을 먹고 알베르게에서 휴식을 취하며 지난 몇 일동안 내가 느꼈던 것들을 생각해 봤다. 나는 내가 원해서 처음부터 스페인에 동행없이 혼자왔다. 그것은 순례자의 길을 나혼자 걸음으로써 지나가는 마을 사람과 자연스럽게 대화하고 그들의 삶과 언어를 배울 수있고 또 같이 걷는 여러 순례자들을 자유롭게 만날 수 있기 때문이었다. 그러나 그 중 가장 큰 이유는 내 자신과 창조주를 자유롭게 만날 수 있게 함이었다. 말 그대로 '순례자'로서 이 길을 걷고자 하였던 것이다.

아이로닉하게 나는 첫날부터 거의 2 주가 지난 오늘까지 항상 같은 사람들과 걸어왔다. 또한 Juan Carlos 나 Pepe 가 숙박소나 음식점등 내가 필요한 모든 것들을 챙겨주었다. 가는 길도 그들 뒤만 따라 가면 됐었다. 다시 말하면 그들만 따라 다니면 모든 것이 해결됐었고 그들도 내가 당연히 그들을 따라주기를 바랬다. 오늘까지 나는 내 힘으로 숙박소에 접수한 번 해 본 적이 없고 미사에 참여하지 않는 동료들과 같이 있음으로 자유롭게 미사에 참석하기도 쉽지 않았다. 이제는 이 길이 순례의 길보다 그룹 하이킹의 길로 변해가는 느낌이었다. 이제 나는 나 혼자의 시간이 필요함을 느꼈다. 나는 아침에 일어나서부터 잠잘 때까지 모든 것을 내 자신이 직접 체험하면서 산티아고까지 가야되겠다고 생각했다. 결단은 쉬웠다. 그러나 나의 의사를 Pepe 와 Lidia 에게 말하는 것은 쉽지않게 느껴졌다. 왜냐하면 정이 많은 스페인 친구들이 헤어지자는 나의 제의를 어떻게 받아드릴 지 몰랐기 때문이었다.

내일 아침에 일어나 이 말을 하리라 생각했다. 피곤한 몸으로 침대에 일찍 자려고 누었다. 그러나 이런저런 생각 때문에 밤새 잠이 잘 오지않았다.

#14 Fromista ⇨ Carrion de los Condes 20.5 km

아침이 되어 모두들 부지런히 일어나 세면을 하고 옷을 입고 하이킹 신발을 신으며 나는 Pepe 에게 말 하였다. "necessito caminar solo" "나는 혼자 걷는 시간이 필요하다"고 하였다. Pepe 는 놀라는 표정이 없이 "Je comprends" "이해한다"고 하였다. 생각외로 쉽게 나의 의사를 받아드리는 것이었다. 아마도 남자라서 모든 것을 이성적으로 쉽게 받아드리는구나 하였다. Pepe 는 나에게 Lidia 에게 말 하였느냐 하여 나는 아침 식사때 말하겠다 하였다. 나는 Pepe 에게 한동안 떨어져 걷다가 산티아고에 들어가기 전에 다시 만나 같이 산티아고에 들어가고 대성당 순례자 미사에 같이 참석하자고 제의하였다. Pepe 도 그 말에 동의하였다. 내가 스페인에 도착한 첫날부터 만난 Pepe 와 끝마침을 같이 하고싶었다. 나는 Pepe 가 나의 의사를 잘 받아주는 것 같아 고마웠다.

아침식사를 하는동안 나는 Lidia 에게도 나의 의사를 말하였다. 별로 큰 반응없이 나의 의사를 받아드렸다. 나는 떠나기전 우리 모두의 아침 식사비를 지불하고 길을 나섰다. 오늘부터 우리의 목적지는 갈렸다. 나의 목적지는 짧은거리인 Carrion de los Condes 이었다. 어제 잠을 잘못잔 탓으로 피곤하여 오후 일찍 휴식을 취하고 싶었다. 걸어가는 동안 Pepe 와 Lidia 와 별로 대화가 없었다. 잠시 쉬는 시간에도 별로 대화 없이 있다가 길을 계속걸었다.

평소 때같이 나의 걸음은 느렸다. 내 걷는 속도는 거북이 걸음이다. Pepe 와 Lidia 가 더 이상 보이지 않았다. 나 홀로 작은 마을을 지날 때 카페에 휴식을 취하려 들렀다. 거기에는 한 동양 여성이 앉아 있었다. "It's not open yet"하고 나에게 말하였다. 몇 마디 주고 받다보니 그녀는 미국 동부에서 온 한국 신자이었다. 같이 온 친구를 기다리고 있다 하였다. 그러나 그 친구는 다리가 아파서 다른곳에서 머물러 있다가 다시 만나기로 했는데 아직 안보이고 연락도 안된다 하였다. 내가 가지고 있는 전화로 다행이도 그 친구 와 연락이 되었다. 나는 카페를 나와 계속해서 걸었다

오후 1 시쯤 나는 Carrion de los Condes 에 도착 했다. Pepe 와 Lidia 는 그곳 카페에서 점심식사를 하러 앉아있었고 나

에게 손을 흔들었다.   나는 " ¿Qué tal?" "안녕하셔요?" 하고 같이 앉았다.   우리는 점심식사를 하며 별 대화가 없었다.   오늘 아침만 해도 별 표정이없던 Pepe 가   점심을 먹으면서 계속 한숨을 쉬는 것이었다.   아주 기운이 없는 모습이었다. 그럴때마다 Lidia 는 Pepe 에게 무어라고 꾸중하는 말조로 말을 하는 것같았다.   기운없이 보이는 Pepe 의 모습을 보니 이제 따로 다니자고 제의한 내가 미안한 생각이 들었다.   오늘 아침 나의 결정은 쉽지가 않았다. 그러나 이제부터 나는 홀로 걸어야 한다는 강한 느낌이   나에게 이 결정을 하게 해주었다.   이 헤어짐은 두고 두고 내가 잊지못할 것이다.   지금은 헤어지지만 곧 다시 만나고 또 내가 훗날에 스페인을 다시 들를 기회가 오면 그들을 꼭 다시 찾아 만나리라고 말하였다.   Pepe 에게 내가 사는 California 에 오면 꼭 우리집에 들르라 하였다.

점심을 먹고 나서 나는 그들에게 이곳에서 하루 밤을 묵을 계획이니 잘 가라고 이별의 포옹을 하였다. Santa Maria 성당 앞에서 우리는 이별을 하였고 잘가라고 쳐다보는 서로의 눈빛은 잊을 수가 없었다.   뒤를 돌아보지 않고 천천히 멀어져가는 그들을 보며 인생은 만남과 이별의 연속이라는것을 느꼈다. 나도 뒤로 돌아 내가 오늘 묵을 알베르게를 찾았다.   조용한 마을을 한바퀴 돌아보다가 가장 오래되어 보이고 멋있게 생긴 Monasterio de Santa Clara 라는 곳을 찾았다. 13 세기에 아씨씨의 성 프란치스코의 제자가 산티아고의 길을 걷다가 만들었다는 수도원이었다. 역사깊은 수도원이라서 그런지 이 안에는 자그마한 박물관도 있었다. 7€를 내고 이층방을 배정 받았다. 옛 수도자들이 썼던 방들이라서 그런지 한 방에 침대 가 3 개씩 밖에 없었다. 양쪽 창문을 통해 바람이 솔솔 들어오는 시원한 바람을 맞으며 침대에 짐을 내려놓고 잠시 드러누었다. 울퉁불퉁한 돌로 만든 천장을 쳐다보며 여러 생각이 머리를 스쳐같다. 오늘 처음으로 나는 내 마음에 드는 알베르게를 나 홀로 선택하고 또 처음으로 접수를 하였다. 자유로운 느낌에 마음이 가벼워졌고 또 내일부터 나 혼자서 모든 일들을 홀로 개척하여 갈 것이라는 생각에 흥분된 느낌도 들었다. 오늘은 이곳에 일찍 도착한 이유로 오후에 많은 시간을 가질 수있었다. 내가 가지고 다니는 배낭 안에는 걷기에 필요한 물건 외에는 아무 것도 없었다. 책이나 콤퓨터, Smartphone 등 시간 보낼 수있는 도구들이 하나도 없었다. 무엇을 하고 남은 시간을 지낼까 궁리했다. 샤워를 하고 빨래를 널어놨다. 다행히 일찍 도착한 이유로 충분히 빨래를 말릴 시간이 있었다.

성당 미사 시간에 맞추어 마을 중앙에 자리잡은 Santa Maria del Camino 성당에 들렀다. 12 세기에 새워진 로마네스크 양식의 성당에 들어가 앞자리에 앉았다. 제대 앞의 십자가를 쳐다보며 묵상에 잠겼다. 나를 위하여 기도하는 교우들을 위하여 그리고 병에 걸려 기도를 필요로하는 교우들을 위하여 기도를 바쳤다. 지난 2 주동안 나를 여기까지 무사히 올 수있게 하여준 주님의 손길에 감사했고 내 두 발에게도 감사했다. 그리고 오늘 헤어진 Pepe 와 Lidia 가 무사히 길을 걷기를 바라는 마음도 기도에 담았다. 나는 이제 이틀 안으로 이 Camino Frances 길의 절반이 되는 지점을 지나게된다. 처음에는 가도가도 끝이 없게 생각되던 이 카미노도 어느새 반 지점에 다다르게 된다는 사실에 희망과 자신감이 솟아올랐다.

미사가 끝나고 공지 시간때 어느 젊은 스페인 여성이 Roller skate 를 신은 채 제대위에 올라와 무어라고 발표를 했다. 그리고 미사를 마치고 어디서인지 한국 학생들 여러명들이 제대앞에 나와 한국 민속 북소리에 장단맞춰 노래를 하는 것이었다. 동양사람들이 보기드문 이곳에 한국 민속단의 공연은 뜻밖이었다. 이러한 공연을 처음보는 순례자들과 마을 사람들은 박수를 아끼지 않았다. 이 민속단은 세계를 돌아다니며 한국을 알리고 또 인디아의 가난한 어린이들을 돕기위하여 모금 운동을 하는 것이 목적이라고 통역자가 설명을 하였다. 공연이 끝난후 본당 신부님은 모든 한국학생들을 포함한 순례자들 각 사람의 머리에 손을 얹고 축복기도를 해 주었다.

모든행사가 끝나고 나는 Roller skate 를 신고있는 스페인 여인에게 왜 Roller skate 를 신고 있느냐고 물었다. 그녀의 이름은 Anuska 이고 산티아고에서 왔는데 이 산티아고길을 스페인과 세계에 알리는 목적으로 기록 영화를 만들기위해 프랑스에서 산티아고까지 Roller skate 를 타고 간다는 것이었다. 활기차고 얼굴에 항상 미소를 짓고 있는 그녀에게 행운을 빈다는 인사말을 하고 나는 성당을 나와 알베르게로 향했다. 오늘은 짧은 길을 걸었기에 내일은 조금 더 긴 32km 를 걷기로 했다. 빨래를 걷고 잠자리에 들었다.

#15 Carrion de los Condes⇨St. Nicolas del Real Camino 32 km

어제 휴식과 잠을 잘 잔 이유로 아침에 일어나 기분이 상쾌했다. 아침정리를 하고 길을 나섰다. 성당옆에 있는 캬페에서 식사를 하고있는데 며칠전 Vilamayor del Rio 에서 방을 같이 썼던 Jeannette 를 만났다. Jeannette 는 캐나다에서 혼자 온 중년나이의 순례자다. 처음 만났을때도 느꼈지만 그는 별로 말이 없고 다른 순례자들과 잘 어울리지도 않았다. Jeannette 는 아침부터 캬페에있는 인터넷으로 무엇인가를 찾고 있었다. 그는 캐나다로 다시 돌아가는 비행기를 알아보고 있다고 했다. 알고보니 그녀는 지난 며칠동안 발가락에 생겨난 물집때문에 고생하다 이제는 순례를 단념하고 집으로 다시 돌아가기로 했다는 것이다. 측은한 마음이 생겨 이 마을에 있는 의사를 같이 찾았다. 혹시 발의 치료가 가능하면 계속 순례를 할수있는 희망 때문이었다. 평소에 다른 사람들과 대화를 꺼려하는 그녀는 물집이 악화될 때까지 혼자 그것을 극복하려고 하였던 것이다. 까미노를 걷는 많은 순례자들 가운데 걷는데 경험이 있는 사람들이 많다. 그리고 물집 치료법에 대해 잘 알고 있는 사람들도 많았다. 나도 그들의 도움으로 내 발을 보호 하면서 여기까지 올 수가 있었다. 발이 불편하면 즉시 발을 검사하고 치료하여야 크게 악화되는 것을 방지하게된다. 나도 내가 남에게 배운 지식으로 다른 순례자들을 치료하면서 다녔다. 이 순례길에서는 혼자서 인내 한다는 생각은 피해야 한다. 거의 400km 를 걸어온 그가 이제 다시 돌아가야 한다는 사실에 동지 순례자로서 마음이 아팠다. 계속 걷는 것을 단념한 Jeanette 에게 잘가라는 인사를 하고 길을 나섰다. 그녀가 훗날에 이길을 다시 걷기를 바랬다.

길을 나선 지 얼마 안되어 어제 만난 한국신자 자매의 친구가 내 전화기로 전화를 했다. 친구를 또 찾고 있었던 것이다. 어제 서로 만나지 못한 것이 분명했다. 그 자매는 벌써 떠나고 없다고 말했다. 어제 만난 그 자매는 발걸음이 빨랐다. 그러나 이 동료 자매는 그 반대였던 것이다. 카미노길을 걸으며 느끼는 것이지만 까미노는 멀고 오래 걷는 것을 필요로 하는곳이라 두명의 동료가 속도를 맞추며 걸어가는 것은 매우 어렵다는 사실이다. 오랜길을 무리없이 걸으려면 각자 자기에게 알맞는 속도로 걸어야 발과 다리에 지장이 없고 또 오래 잘 걸을 수 있다. 특히 걷는 속도에 차이가 많이 나는 사람끼리 보조를 맞추어

간다는 것은 매우 어려운 일이다. 이 길을 걸으며 가끔 부부나 모녀끼리 걷는 것을 보았다. 그들은 하루의 목적지만 정해놓고 따로 걷고 목적지에 가서 다시 만나고 하는 것을 보았다. 그러나 가끔 길을 잘못들어 서로 해가 질 때까지 만나지 못하여 찾아 다니는 것도 보았다.

오늘은 이상하게도 길에 순례자들이 몇 명밖에 안보였다. 가는 도중 나보다 더 천천히 가는 노인부부 순례자들을 보았다. 인상깊었던 것은 아내로 보이는 순례자의 배낭은 낡아보였고 작은 몸집을 가진 남자의 배낭은 그의 몸 3 분의 2 를 가릴 정도로 컸다. 내가 지니고 가는 배낭보다도 컸다. 그 할머니 뒷 모습을 보며 내가 지니고가는 배낭이 무겁다고 느꼈던 자신이 창피하게 느껴졌다. 힘들지만 다정하게 대화를 하면서 걸어가는 부부의 모습이 좋아 보였다.   나는 그들을 지나치며 "Buen Camino!"라고 인사했다. 알고보니 그들은 프랑스 북서쪽 Anger 도시 근처에 살고 있는 부부인데 해마다 이곳에 와서 일주일씩 걷고 간다했다. 오늘 이 부부는 집으로 가는 버스를 타고 돌아간다고 하였다. Christiane 이란 이름을 가진 그 할머니 순례자에게는 딸이 세 명 있는데 그중 한 딸은 미국 Florida 에서 6 개월 일한 적이 있고 지금은 Paris 에서 일하고 있다고 한다. 딸들이 다 독립한 그 할머니는 나에게 영어를 배우고 싶은데 혹시 미국에 가정부로 일하면서 영어를 배울 수있는 기회가 있으면 꼭 연락해 달라고 email 주소를 주며 부탁했다. 대화를 나누며 그들이 버스를 타야 하는 작은 마을에 도달했다. 불어밖에 못하는 그들은 나에게 버스 정류장을 찾는데 도와 달라하였다. 내 짧은 스페인어 실력으로 마을사람들에게 물어서 버스정류장까지 그들을 인도해주고 헤어졌다. 길을 계속 걸으면서 나 같은 스페인어 초보자에게도 의지하는 사람이 있다는 사실이 우스웠다. 우리모두는 우리 각자가 가진 '재능'이 누군가에게 언젠가는 도움이 된다는 것을 체험했다. 짧은 시간이었지만 순박한 그들과 대화하면서 시간이 빨리 지난 것 같았다.

오늘 오후는 바람이 세게 불어왔다. 걸어가는 내 몸의 균형을 못 잡을 정도로 바람이 세게 불었다. 지나치는 poplar 나무가지들은 바람에 휘날려 쓰러질 것 같았다. 머리를 숙이고 장갑을 끼고 입과 귀를 막고 32km 의 지점인 St. Nicolas del Real Camino 까지 왔다. 그 마을에 하나밖에 보이지않는 알베르게에 도착했다. 여권을 보여주고 비싼 8€를 내고 내 순례자 Passport 에 또 하나의 도장이 찍혔다. 15 번째 도장이었다.

숙박비가 비싸서인지 이 알베르게는 거의 텅 비어있었다. 깨끗하게 정돈된 이층 방들은 다 비워있어 나는 제일 좋은 침대를 차지했다. 오늘은 빨래는 안하기로 했다. 흐린 하늘에 빨래가 오늘 마르지 않을 것이 분명했다. 샤워를 하고 아래층 식당에 내려갔다. 내일 아침 식사는 8 시반이라 한다. 나에게는 너무 늦은 시간이었다. 내일 아침으로 먹을 바나나 두개를 샀다. 내 옆에는 한 중년 여성이 있었는데 프랑스에서 온 순례자이었다. 스페인어에 유창하고 영어도 꽤 잘하는 인테리 여성이었다. 텅빈 식당에 그녀가 같은 테이블에서 저녁식사를 하자고 권했다. 얼마전에 은퇴한 프랑스의 작은 대학교 사무 관리자였다. 이런 이야기 저런 이야기에 좋은 대화를 하면서 식사를 했다. 손님은 우리 두 사람밖에 없었지만 주방에서는 우리 둘만을 위하여 모든 음식들을 맛있게 만들어 주었다. 우리 둘만을 서비스하는 웨이트레스는 상냥한 모습으로 우리를 대했다. 팁이라도 듬뿍 주고 싶었다. 그러나 스페인에서는 아무리 서비스가 좋아도 팁을 안준다하는 Pepe 의 말이 생각났다. 그 이유는 아직도 확실치 않다.

#16 St. Nicolas del Real Camino ⇨ Reliegos 39 km

6 시반에 내 팔목시계 Alarm 이 진동했다.   세면을 하고
어제 저녁에 사놓은 바나나 두개를 먹었다.   10 월 중순이
지나니 아침 날씨가 꽤 차가웠고 해도 짧아지는 것이었다.
속옷내의를 입고 길을 나섰다.   아침 7 시가 지났는데도 아직
깜깜했다. 작은 마을을 벗어나니 깜깜하여 이마에 프래쉬
리이터를 붙이고 길 사인을 찾았다.   사인이 나왔지만 애매하여
망서리고 있자하니 다른 순례자들이 다가와 그들을 따라갔다.
오늘 아침 떠난지 한시간이 지났지만 내가 만난 순례자들은 2 명
밖에 없었다. 7 km 만 가면 Sahagun 이 나온다. 약 한시간 반
거리이다. 아침에 바나나 두개를 먹기는 했지만 아직 시장했고
커피가 마시고 싶어 다음 카페를 향해 발걸음을 재촉했다.

Sahagun 를 지나면 Camino Frances 의 반을 걸어온게 된다.
제법 큰 도시인 Sahagun 을 들어서니 많은 카페들과 메뉴판들이
눈에 띄었다. "2 € por Desayuno" "아침식사 2 €". 배가 고픈

나는 메뉴판에 보이는 음식 그림에 눈이 쏠렸다. 깨끗하게 보이는 한 카페에 들어가 Croissant 과 Café Americano 를 먹었다. 그리고 화장실에 들렀다 걸음을 계속했다. "Giovanni!" 시내 길을 걷고 있는데 누가 내 이름을 부르는 소리가 들렸다. Lidia 이었다. 지나가는 카페에서 아침을 먹다가 나를 보고 달려오는 것이었다. 그녀는 무척 반가와하면서 뺨키스를 하였다. 깜짝놀란 나는 "Donde es Pepe?" "Pepe 는 어디있냐?" 물었다. Pepe 는 어제 저녁부터 발이 아파서 오늘은 걷지않고 이곳에서 하루 머물고 간다고 하였다. 그 말은 뜻밖이었다. 이제까지 Pepe 는 항상 나보다 앞서서 걸었고 나보다 더 튼튼한 다리를 가지고 있는 것으로 알았었는데 아무튼 이틀 전에 헤어졌던 친구들을 다시 만나게 되어 반가웠다. Lidia 는 이틀 후면 집으로 돌아간다 하였다 그리고 그녀는 행복해 보였다. 서로의 길을 잘 걷기를 바라며 "saludar a Pepe para mí!". Pepe 에게 안부 전해달라는 말을 하고 헤어졌다. 친절하고 사교적인 Lidia 에게 좋은 일들만 일어나기를 바라며 길을 계속 걸었다. 다시 걸으며 내 걸음걸이가 무척 가벼워지는 것을 느꼈다. 그것은 이길을 걸으며 나를 보고 반가와하는 사람을 또 한번 만났기 때문이었다. 이 길을 걷다보면 여러 순례자들을 만나게된다. 그리고 그 순례자들중 서로 만나 같이 길을 걷거나 식사를 하거나 많은 대화의 나눔속에 나도 모르는 시이에 우정이 생긴다. 아마도 즐거움과 어려움속에서 같은 목적지인 산티아고를 향하여 인내하며 걸어가는 사람들 사이에 평소에 느낄 수 없는 정이 생기는 것 같았다.

시내 중앙 플라자를 지나다가 길거리 큰 돌에 박혀진 동으로 만든 사인을 보았다. "SAHAGUN CENTRO DEL CAMINO" – "SAHAGUN 카미노의 중앙 지점". 듣던대로 바로 이 지점이 산티아고까지 가는 거리의 반 지점이라는 사인이었다. 여기까지 걸어온 길 400km. 이 사인에서 한 발자국만 더 나아가면 이 길의 반 이상 왔다는 사실에 나는 무척 기뻤다. 나는 속으로 "여태까지 온 만큼만 걸어가면 나는 산티아고에 도착할 수있다 !" 고 중얼거리며 이 순례가 이제는 가능하다는 확신을 가지게 됐다. 그리고 내 두 발을 쳐다보며 "thank you very much" 하고 발에게 감사했다. 나는 콧노래로 DeColores 노래를 흥얼거리며 걸음을 계속했다. 흥분된 마음에 내 발걸음은 빨라졌고 어느새 나는 오늘 아침에 떠난 곳에서 39km 떨어진 Reliegos 에 도착했다. 이제까지 걸어온 길 중에 가장 긴 거리였다.

Reliegos 는 작은 마을이었다. 시에서 운영하는 알베르게를 찾았지만 더 이상 방이 없었다. 그 근처 개인이 운영하는 Albergue La Parada 에 접수를했다. 값은 7€이었다. Municipal(시 운영)알베르게보다 2€가 더 비쌌다. 그러나 그 안은 깨끗하고 시설이 잘 되어 있었다. 한 방에 이층 침대가 세개밖에 없는 방을 나는 독차지했다. 샤워를 하고 밀린 빨래를 했다. 다행히 빨래 건조기가 있어 빨래를 다 말릴수가 있었다. 단지 기계를 쓰는 값이 4€나 했다. 숙박비에 비해 빨래값이 너무 비싸게 들었다.

카미노의 알베르게는 아무리 싼곳이라도 그 나름대로 멋이 있었다. 대부분 돌덩어리로 만들어지고 오랜 역사를 말해주는 듯하게 보이는 건물들이었다. 이 알베르게 안에도 멋있는 분수가 있는 돌 마당의 뜰에서 휴식하는 순례자들을 볼 수 있었다. 나는 뒷뜰에 있는 식당에서 식사를 하려고 앉았다. 내가 앉은 테이블 옆에는 한 동양인 어머니와 대학생쯤 되어보이는 모녀가 식사를 하고 있었다. 인사를 하고 대화를 하다보니 한국에서 온 사람들이었다. 내가 이 카미노에 들어서 세번째 만나는 한국 순례자들이었다. 그 학생은 대학교를 한 학기 쉬고 어머니와 순례길을 걷고있다 하였다. 그런데 그들이 프랑스를 떠난 지 벌써 한달이 지났다고 한다. 그 학생은 천천히 걷는 어머니의 걸음에 맞춰 두달을 걸을 계획이라 하였다. 그리고 벌써 한달째 먹고있는 Pilgrim's Menu(순례자 음식)에 질렸다고 한다. 매일 똑같은 메뉴에 나도 질려간다고 대답했다.

오늘은 아내에게 전화를 했다. 이제까지 걷는데 집중 하느라 연락을 안했었다. 단지 이틀에 한번 쯤 내가 어디에 왔다는 것만을 email로 알리고는 하였다. 내가 집에 없는 동안 집안 일을 다 알아서 해주는 아내가 고마웠다. 지난 며칠동안 일어난 일들을 아내에게 상세히 보고 하였다.　전화 후 침대에 누워 사랑하는 아내의 모습을 그리며 잠을 청했다.

#17 Reliegos ⇨ Leon 26 km

오늘은 아침부터 비가 왔다. 방수 자켓을 입고 모자를 쓰고 길을 나섰다. 비가 와서 그런지 오늘 날씨는 그리 춥지 않았다. 오늘의 목적지는 그리 멀지않은 26km 인 Leon 이었다. Leon 은 카미노길에 있는 가장 큰 도시중 하나이다.   그리고 postcard 에서만 봤던 유명한 대성당도 있다.

오늘은 얼마 걷지 않았는데 이상하게도 뒷꿈치가 아프기 시작했다. 신을 벗고 보니 뒷꿈치에 물집이 생겼다. 지난 몇일 동안 멀쩡하다가 갑자기 생긴 물집이 신기했다. 왜냐하면 거의 비슷한 길과 같은 속도로 걸었기 때문에 갑자기 물집이 생기는 이유를 알 수 없었다. 바늘로 물집을 터트리고 반창고를 붙이고 길을 계속걸었다.   Leon 에 거의 도착했을 때 내 옆에 누군가 지나가고 있었다.   뒤돌아보니 4 일전 Carrion de los Condes 에서 마지막으로 봤던 한국 신자 가브리엘 자매였다. 걸음이 빨라 훨씬 앞서 간 줄 알았는데 다시 만나게 되어 반가왔다.   아직도 그 자매는 몇일전 헤어진 동료와 못

124

만났다고한다.   다른 자매와 내 전화기로 통화하게 해주었다.
결국은 그 자매와 친구는 공항에서 떠날 때 만나기로 하고 길을
따로 걷기로 했다.

　　가브리엘 자매와 나는 같이 Leon 시를 들어갔다.   듣던대로
큰 도시였다.   큰 도시만 만나면 내발은 투덜거리기 시작한다.
돌로 만든 긴 보도를 한참 걸어야 하기 때문이다.   딱딱한
돌바닥을 밟는 내 발바닥의 살속이 멍이든 느낌이었다.   한참
걸은 후 시내 중앙에 도착하였다.   많은 차들과 사람들 사이에
파묻혀 잠깐 한눈을 파는 순간에 같이 길을 걷던 자매를 놓치고
말았다.   나는 지도를 다시 보고 알베르게를 찾았다.   대성당
아래쪽에 자리잡은 Albergue del Monasterio de las
Benedictinas (베네딕도회 수녀원 운영) 알베르게에서 머물기로
했다.   10 세기부터 생긴 수녀회가 운영하는 이 알베르게에는
매년 2 만명의 순례자들이 머물다 간다고한다.   나무로 된
커다란 문을 열고 들어가는 순간부터 수도원의 분위기를 느낄
수 있었다.   이층 접수실로 올라가   5 €를 내고 순례자
passport 에 또 하나의 도장을 받았다.   접수를 하고 내 방을
찾아 가려 하는데 갑자기 여러명의 동양인들이 몰려들어 왔다.
대화하는 것을 듣고 나는 그들이 한국 사람들인 것을 알았다.
그들은 영어를 전혀 못하는 접수 봉사자들과   의사소통이
안되고 있었다.   나는 다시 접수대 옆으로 가서 그들의 통역을

도왔다. 지난 17 일 동안 닦아온 나의 스페인어가 처음으로 빛을 발하는 순간이라 생각했다.

분배받은 베개닢을 들고 침대가 있는 방으로 향하였다. 이 알베르게는 큰 방 하나에 침대가 50 여개 있었고 남녀가 따로 쓰게 만들어졌다. 긴 방 한벽에는 모든 배낭을 놓게 되었다. 배낭 수십개가 일렬로 놓여있었다. 나도 내 배낭을 그 가운데 잘 놓았다. 항상 침대옆에 배낭을 보관했던 습관이 있어 좀 불안했다. 중요한 물건들만 빼서 침대곁에 보관했다. 이 알베르게는 베네딕도회 수녀원이 바로 옆에 붙어있었다. 접수대 옆에는 매일 저녁미사와 순례자 축성식 시간이 있었다.

알베르게 바로 옆 울퉁불퉁한 돌로 만든 광장에서 쉬고 있는데 오늘 아침에 서로 잃어버린 가브리엘 자매를 만났다. 순례자들을 여러 번 헤어졌다 다시 만나는 것에 이제는 익숙해졌다. 다시 만나니 반가웠다. 그때 마침 이곳에서부터 순례를 시작하는 한국 순례자들을 만나게되어 같이 저녁식사를 하러 갔다. 한국 음식을 먹은 지 오래됐는데 한 형제가 케밥(Kebab) 식당을 가자고 했다. 야채와 함께 흰밥과 고기를 먹었다. 흰밥을 먹고 싶으면 케밥 식당을 찾으면 된다고한다. 한국 음식은 아니었지만 오랜만에 밥을 맛있게 먹었다.

저녁식사를 하고 알베르게 옆 수녀원 성당을 찾았다. 순례자 축복미사와 예절에 참여하기 위해서이다. 성당에서는 베네딕도 수녀님들이 우리 모두를 반겼다. 그리고 여러나라

말로 번역된 기도문을 나누어주고 복도에서 같이 미사전에 읽었다.   수녀원 성당은 자그마했지만 산티아고 성인, 예수 그리고 성모 마리아의 동상을 제대 뒤에 모신 이 성당은 10 세기부터 생겼다는 수녀원에 못지않게 옛 모습을 보여주고 있었다.   산티아고 길에 있는 성당들은 대부분 성인들이나 예수, 성모 마리아 동상들을 제대위나 성당안 주변에서 자주 볼 수있다.   처음에 볼때는 왜 동상들이 이리 많을까 이상하게 생각 되었는데 그 모습을 보면서 그들의 삶을 본받으라는 의미가 아닐까 생각되었다.   그리고 나는 성당안의 제대를 쳐다보며 잠깐 묵상에 잠겼다. "지난 천년 동안 얼마나 많은 순례자들이 내가 앉은 이 자리에서 미사를 드리고 순례자의 강복을 받고 이 길을 떠나갔을까? 13 세기의 Assisi 의 프란치스코 성인도 이 길을 걸었다는데 이 성당에서 미사를 드리고 갔을까?" 하며 여러가지 생각에 잠겼다.   무반주로 깨끗한 음색의 수녀님들의 성가소리는 미사를 더욱 성스럽게 만들었고 내가 앉은 이 자리가 하늘나라에 더 가까운것처럼 느끼게 해주었다.   미사후 수녀님들은 참석한 순례자들을 위해 기도를 해 주었고 우리에게 한가지를 당부했다.   그것은 우리가 산티아고에 도착하면 잊지말고 산티아고 성인의 무덤 앞에서 기도를 드리라는 당부였다.   나도 내가 산티아고 성인 앞에서 이 수녀님들을 위하여 기도하리라 다짐했다.   기억에 오래 남는 것은 하루도 빠짐없이 이곳을 들르는 순례자들을 위하여 드리는 이 미사를 준비하고 축복해주는 수녀님들의 자세와 표정들은 마치 그들이 처음으로 이 행사를 치르는 것 처럼 진지 했다는 것이다 . 우리를 위하여 기도해주는 사람들이 있다는 것에 대해 감사했다. 그리고 이 고마운 수녀님들을 위해서라도 산티아고 무덤까지 필히 도착해야겠다고 마음을 먹었다. 성당을 떠나기 전에 나는 나를 위하여 기도해주는 교우들과 기도를 필요로하는 모든 이들을 위하여 기도했다. 나의 부모와 가족들을 위해서도 빠짐없이 기도했다.

예절을 마치고 밤이 늦어 다시 침실로 돌아갔다. 침실에 들어가니 몇명이 법석거리며 소리를 지르는 것이었다. 알고보니 이곳에 chinches – 침대벌레 (발음: 친체스)들이 들끓는다 하여 약을 뿌리고 있는 것이었다. 나는 이 길을 걷기전 부터 chinches 에 대해 많이 들어왔다. 그런데 생각 외로 chinches 벌레에 물렸다는 소리를 아직 한 번도 못 들었다. Leon 에 와서 처음 듣는 소리다. 나도 약을 가지고 왔지만 한번도 쓰지않았다. 뿌려논 벌레약 냄새를 맡으며 잠들었다.

#18 Leon ⇨ Hospital de Órbigo 32 km

비교적 큰 알베르게에서의 아침은 많은 사람으로 분주스러웠다. 벌써 식당 테이블은 아침식사하는 사람들로 꽉 찼고 나는 그 사이에 간신히 자리를 잡고 앉아 아침식사를 했다. 다행히 어제 저녁에 아침에 먹을 빵을 사놔서 먹고 떠날 수가 있었다. 식사를 하고 마당에 나와 어제 새로 만난 순례자들을 찾아보니 이미 떠났는지 보이질 않았다. 몇명의 순례자들과 같이 길을 나섰다. 이 큰 시내길을 빠져 나가려면 한참 걸릴텐데 아침부터 발바닥이 아파오는 것 같은 느낌이 들었다. 오늘 같이 걸은 순례자들은 젊은 한국 순례자 네명이었다. 유럽과 캐나다 그리고 한국에서 온 학생 들이었다. Leon 시를 빠져 나갈 때부터 비가 쏟아지기 시작했다. 소문 그대로 Galacia 지방에 들어와서 산티아고에 가까워질수록 비가 더 많이온다는 말이 맞았다. 일기예보는 다음 며칠 동안 계속 구름과 비가 오는 그림들이 그려져있었다. 스페인어로 비를 lluvia(발음: 우비아) 라고 한다. 간단하게 Hoy lluvia? (오늘

129

비옵니까?)   mañana lluvia? (내일 비옵니까?) 라고 물어보고 다녔다.   갑자기 오는 비라 방수바지를 갈아입을 겨를도 없이 걸었다.   거센 바람과 함께 내리는 비는 어느새 내 바지를 다 적셨다.   방수된다는 내 가죽 하이킹 신발도 계속 내리는 비에 점점 젖어갔고 신발속 양말까지 물기가 들어 갔다.   오래걷는데 양말이 젖기 시작하면 점점 걷기 힘들어진다.   물집도 더 빨리 생기기 때문이다.   모두들 고개를 숙이고 바닥만 보며 걸었다.

가다가 다른 순례자들도 여러 명 만났는데 그들 중에는 나같은 가죽 하이킹 신발이 아닌 헝겁으로 만든 운동화를 신고 가는 순례자들도 보였다.   그들의 발은 물론 완전히 믈에 젖었고 힘들게 걷는것을 볼수 있었다.   오래 걸을 수 없는 그들은 가까운 알베르게를 찾아 들어갔다.

비와 바람에 바지가 젖어 몸이 추워지기 시작했다. 처음부터 방수 바지를 입을 걸 하고 후회했다.   온종일 8 시간을 비속을 걸어 다음 목적지인 Hospital de Órbigo 에 도착했다.

마을   입구에 놓여진   긴   다리를   건느려하는데 차 한대와 Carrion de los Condes 에서 만났던 Rollerstate 로 순례를 하는 Anuska 를 또 만났다.   Anuska 가 무사히 Rollerstate 를 탈 수 있도록 차 한대와 영화 촬영팀이 항상 그의 뒤를 따라 다녔다.   서로 반가와하며 한국 학생 순례자들과 기념사진과 비데오를 찍었다.   혹시 우리들의 모습이 이들이 만드는 기록 영화에 나오지 않을까 기대하며 마을로 들어갔다.

이 작은 마을로 들어가는 입구는 참으로 멋있었다. 마을입구를 연결해주는 13 세기에 세워진 아주 기다란 돌다리가 있었다. 스페인의 대표 작품이라고 불리우는 고딕양식으로 만들어진 이 돌다리 밑에는 옛날 중세기 기사들이 말을 탄채 기다란 창살로 서로 마주보며 달려가면서 싸우던 경기장이 있었다. 지금은 나무로 만든 테두리만 보이는 경기장이지만 옛날 그 모습을 상상할 수가 있었다. 볼 것은 많았지만 춥고 배가 고픈 우리들은 계속 알베르게로 향하여 발길을 재촉했다. 마을에 들어가자 제일 깨끗해 보이는 알베르게 하나가 보여 들어가 보았다. 현대식으로 깨끗이 만들어졌지만 8€라고 하였다. 학생들이 너무 비싼 것 같다하여 다른 곳을 알아봤다. 조금 더 마을 중앙으로 들어가니 Iglesia de San Juan Bautista (세자 요한 성당) 이 오른쪽에 나왔고 바로 옆에 이 성당에서 운영하는 알베르게가 있었다. 5 €를 내고 방을 배정 받았다. 젖은 신발들을 벗고 그안에 신문지들을 구겨 넣었다. 이 꾸겨놓은 신문지들은 몇 시간이 지나면 신발속의 습기를 빨아들여 젖게된다. 그러면 다시 새로 신문지를 신발속으로 넣고는 한다. 다음날 마른 신발로 걷기 위해서는 내일 아침까지 신발을 최대한 말려야한다. 우리는 잠자리에 물건들을 펼쳐놓고 샤워를 했다. 샤워물은 차가웠다. 땀에 범벅이된 몸을 닦으려면 어쩔 수가 없었다. 아마도 5 €와 8 €의 차이가 이 것이 아닌가 싶었다. 샤워를 하고 방에 다들 모여 저녁식사를 어떻게 할 것인가를 이야기 하고 있었다. 오늘 나와 같이 걸었던 몇 학생들이 발에 물집이 생겼다. 내가 가지고 있는 알콜과 바늘로 물집을 터뜨리고 치료를 해주었다.   오늘 저녁은 부엌에서 학생들이 요리를 만들어 먹기로 했다. 다들 슬립퍼를 신고 마을 식품점에 가서 재료를 사가지고 요리를 했다. 산티아고 길에서 처음으로 Home Made 음식을 맛있게 먹었다. 한국 학생 한명이 고추장을 가지고와서 이것저것 야채를 넣고 섞어 만든 음식이었다.

식사가 끝나고 나는 저녁 미사를 드리러 옆에 있는 성당을 찾았다.   내가 성당에 들어갔을 때는 미사가 거의 끝나갈 때이었다.   성당 안에는 두명의 신자 밖에 안보였다. 미사를 집전하는 신부님은 정성을 다해 미사를 드리는 것 같았다. 나이가 많아 보이는 신부님이 미사를 드리는 자세는 참석한 신자들의 숫자와 관계없이 진지하고 성스럽게 보였다.   나는 그 신부님의 모습이 잊혀지지 않는다.   예수 그리스도가 남기고 가신 말씀 그대로 "너희는 이를 행함으로 나를 기억하라" 바로 이 신부님은 온 정성을 다하여 예수를 기억했던 것이다. 미사를 마치고 추운 가을 날씨에 두꺼운 코트를 입고 알베르게로 향하는 신부님이 보였다.   나는 그분을 따라가 "padre! bendición por favor" 내가 가지고 다니던 묵주 팔찌를 강복해 달라고 하였다. 그분은 묵주에 강복을하고 내 발을쳐다 보며 내일 발조심해서 가라고 하였다.   그 신부님은 알고보니 내가 묵고있는 알베르게의 신부님이었다. 알베르게에 들어가니 중년의 한 동양 여인이 유창한 스페인어로 알베르게 봉사자와 대화를 하는 것이었다. 이 여인은 이곳 알베르게에서 10 년이 넘도록 봉사자로 일하며 이 알베르게에 머무는 순례자들을 돌보아 주고있는 한국사람이었다.   그리고 오늘밤 이곳에서 머무는 한국사람들을 반가와하며 우리 모두를 데리고 동네 카페에가서 맥주를 사줬다. 맥주를 마시며 그녀가 이곳에서 살아온 체험도 들으며 나도 훗날에 이곳에 와서 봉사의 삶을 살 수 있을까 하는 가능성도 생각해봤다. 그날 밤 알베르게로 다시 돌아가는 길의 밤 하늘은 진한 파란색이었고 구름 한점 없는 하늘에 보이는 별들은 어느 때 보다 더 밝아 보였다.   오늘 그 한국 봉사자 말 그대로 Galicia 지방 스페인 밤 하늘이 진짜로 검은색이 아닌 아름다운 진한 코발트색이라는 것을 눈으로 확인 할수있었다.

#19 Hospital de Órbigo ⇨ Santa Catalina 26 km

18-10-2012

어제 빗속에 오래 힘들게 걸어서 오늘은 좀 짧은 거리를 걷기로 했다. 그러나 오늘 걸음도 쉽질 않았다. 아침부터 퍼붓는 비 때문인지 무척 피곤했다. 어제 만났던 한국 순례자들과 아침길을 걸었다. 그러나 얼마 안가서 그들과 거리는 점점 멀어지고 나는 결국 따로 걷게 되었다. 차가와지는 날씨에 장갑은 꼈지만 물에 젖어 Hiking Stick 을 쥐고 가는 두손이 더욱 시렸다. 억수같이 퍼붓는 비는 카미노길을 흙탕물로 가득 채웠다. 이리저리 고인 물을 피해 걸었다. 내 앞에 나보다 더 느리게 가는 중년쯤 되어보이는 한 여성 순례자를 지나쳤다. 노란 비닐 Pancho 를 뒤집어 쓰고 한다리를 약간 절룩거리며 천천히 길을 걷는 그를 보면서 그가 무사히 산티아고까지 도착할 수 있기를 바랐다. 산티아고를 걸으면 이런 모습들을 여러 번 보게 된다.

고개를 숙이고 한참 언덕을 걷다보니 돌로 만든 커다란 십자가 (Curceiro de Santo Torbio)가 나타났다. 5 세기때 Astorga 주교인 Santo Torbio 가 이 십자가 앞에서 이곳을 떠나기 전에 무릎을 꿇고 기도했다는 곳이다. Santo Torbio 는 그 당시 예루살렘에서 예수님이 못박혀 돌아가신 십자가 나무가 보관되어 있던 성당을 관리하였다고 한다. 그리고 그가 예루살렘을 떠나 이곳에 올 때 그 십자가 나무 한 조각 (Relic)을 가지고 왔다고 알려져있다. 이 십자가 뒤에는 언덕 위에 지은 Astorga 시를 볼 수 있다. 얼뜻보면 그리 오래되지 않아 보이는 이 십자가가 1500 년이 넘었다니 내가 걷는 이 길이 그 기나긴 역사의 한 부분임이 틀림 없다고 느껴졌다.

춥고 시장하여 빨리 Astorga 시내 안에 들어가 점심을 먹고 몸을 녹이고 싶어 걸음을 재촉했다. Astorga 시 중앙으로 가면서 커다란 중세기 건물들이 나타났다. 커다란 박물관(Mueso de Catedral) 이 눈에 띄었고 그 옆에는 아시시의 성 프란치스코가 산티아고를 걷다가 머물고 갔다는 숙소/병원 (Hospital de San Juan) 이 나타났다. 그리고 그 옆에는 Disneyland 를 연상케하는 자그만한 성이(Palacio Espicopal de Astorga) 보였다. 이 모든 것들이 눈에 보기 멋이 있었고 내가 Time Machine 을 타고 옛날로 돌아간 느낌마저 주었다. 이 박물관들과 Hospital del San Juan 을 자세히 구경하고 싶었다. 그러나 나는 허기진 배를 채우고 추운 몸을 녹히는 것이 더

급했다. 그 근처 카페에 식사를 하러 갔다. 점심 메뉴는 종류가 별로 없었고 그나마 음식을 잘못시켜 차갑고 질긴 소세지와 치즈를 넣은 정말 맛없는 뻥으로 시장기를 달랬다. 식사후 다행히도 그 근처에 방수 장갑을 파는곳에서 장갑 한켤래를 사서 손에 끼니 정말로 살 것 같았다. 아직 10km 를 더 가야하기에 길을 나섰다. Astorga 를 빠져나가는 길에 자전거 순례자 두명을 만났다. 그들도 빗속에 온종일 자전거를 타고 가느라 고생하는 것 같이 보였다. 자전거로 순례하면서 이마에 비데오를 달고 기록영화를 만들며 가는 그들과 잠시 대화를 나누고 사진 한장을 같이 찍고 헤어졌다.

오늘의 목적지인 Santa Catalina 에는 오후 3:30 분에 도착했다. 평소때보다 이른 시간이었다. 여기저기 좋은 알베르게를 고르기가 귀찮아 처음으로 나타난 알베르게에 들어갔다. 빨래를 말릴수 있는 건조기가 있다는 말을 듣고 5 €를 내고 나의 순례자 passport 에 19 번째 도장이 찍혀졌다.

순례자 passport 에서 19 번째 찍힌 Santa Catalina 도장

개인이 운영하는 알베르게 치고는 값이 쌌다. 그리고 방 시설도 깨끗하고 좋았다. 가장 좋았던 것은 그 알베르게 주인 아주머니였다. 항상 미소띤 얼굴과 정성스런 말투로 친절히 대해주었다. 스페인의 순박성과 친절을 대표 하는 듯 하였다.

샤워를 하고 빨래를 마치고 알베르게안의 식당으로 갔다. 식당안에는 젖은 가죽신발들이 Fire Place 앞에 나란히 놓여 있었다. 나도 내 신발을 그 사이에 끼어 놓았다. 그 때에 며칠전 Hospital de Órbigo 입구 돌다리에서 만난 Rollerstate 의 순례자 Anuska 를 또 만났다. 그녀와의 세번째 만남이었다. 그녀는 여기에 모인 순례자들과 잠시 인터뷰를 한 뒤 길을 떠났다. 곧 저녁 식사들을 하러 순례자들이 한 두명씩 식당안에 들어왔다. 식당주인은 여러 명의 순례자들이 함께 식사를 할 수

137

있도록 여러 테이블을 붙여 길게 만들었다. 그위에 새로 하얀 긴 종이를 깔으니 제법 괜찮은 식당에 온 분위기였다. 순례자 10 명이 마주보고 앉아 식사를 했다. 처음 코스로 나온 따뜻한 감자국이 너무 맛이 있어 주인을 불러 모두들 칭찬해 주었다. 내가 앉은 옆자리에는 불란서에서 온 Daniel 이라는 40 대 남자인데 그는 내가 걸어온 프랑스 St. Jean-Pied-de-Port 보다 더 먼 Le Puy, France 에서 부터 걸어왔다. 그는 이제까지 걸은 거리가 1,000km 그리고 산티아고까지 총 1,300km 를 걷게 된다. 이 긴 길을 걷기 위해 Daniel 은 아주 이른 새벽 5 시에 출발한다고 했다. Le Puy 에서 시작하는 길은 Chemin du Puy (불어)로 불리우는 길이고 프랑스 중간쯤에서 시작하여 St. Jean-Pied-de-Port 까지 연결되는 길이다. Camino Frances 보다 더 언덕길이 많다는 이길을 걸은 Daniel 의 체험담을 들으며 우리가 가보지 못한 프랑스길이 어떤지를 어렴풋이 상상할 수 있었다. 그리고 800km 의 긴 거리를 걷는다고 생각했던 우리에게 겸손한 마음을 심어 주었다. 내 오른쪽에 앉은 Terry 라는 순례자는 미국 동부 Boston 근처에 있는 New Hampshire 주 에서 왔고 Episcopal(성공회) 신자 이었다. 70 대의 노인인 그는 영화 배우 Charleton Heston 비슷하게 생겼고 은퇴 후 자기 자신을 되돌아 볼 수있는 시간을 갖고자 이곳에 왔다한다. 나이에 비해 건강해 보이는 Terry 는 젊은 사람들과 잘 어울렸다. 그런데 그는 무릎이 신통치 않아 내일 올라야 하는 큰 산을 걱정스러워하고 있었다. 그밖에 테이블에는 말레이지아에서 온 Tau 라는 청년, 체코 Republic 에서 온 Pablo 와 Karel, 헝가리에서 온 Naomi, 독일청년등이 있었다. 오랜만에 가족같은 분위기에 즐거운 식사를 하였다.

Camino Frances 에는 큰 산이 두 개가 있다. 하나는 프랑스에서 시작하는 첫날에 오른 Pyrenee 산이고 그 다음은 내일 올라야 하는 1,500m (4,500ft) 의 산으로서 Pyrenee 보다 50m 가 더 높다. 그리고 10 km 가 넘는 가파른 내리막 돌길이 있어서 조심하라고 안내서에 나와있었다. 내일은 길고 힘든 날이 될 것이라 예상하면서 잠자리에 일찍 들었다.

#20 Santa Catalina ⇨ Molinaseca 37.9 km

아침 6:30 에 팔목시계가 진동했다. 아침에 서둘러 남보다 일찍 일어났다. 늦게 일어나면 화장실 줄이 길어지기 때문에 먼저 일어나 짐을 챙기고 알베르게 식당으로 갔다. 평소와 같이 Café Americano 와 Croissant 을 먹었다. 어제 친절하게 순례자들을 돌보아준 알베르게 주인을 찾았다. 아직 안 나왔다하여 식당 종업원에게 감사말을 전해달라 부탁하고 길을 나섰다. 걱정했던 비는 그치고 아침 공기는 상쾌했다. 어제 비가와서 땅에 물이 아직 고여 있었지만 걷는 데는 지장이 없었다. 아침 내내 산등을 올랐다. 산등성에 거의 다달아서 점심식사를 하려고 카페에 들렀다. 점식식사 하기엔 좀 이른 시간이지만 이 산을 넘을 때까지는 식당이 없다하여 들렀다. 야채스프를 시켜 먹는데 그 카페 주인이 이 곳에 여름이 되면 'Muchos Coreanos' (많은 한국인들)이 찾아온다고 하였다.

아마도 지금 한국이 추석때라 많은 한국 순례자들이 안보였던 같았다.

산을 오르는 길은 환상적으로 아름다왔다. 1,500m 의 산길에 여러차례 구름을 만나고 그 구름 사이를 스쳐가며 산 정상으로 향했다. 올라갈수록 하얀 솜같은 구름은 진해지고 내려다보는 경치는 산 계곡 사이가 구름 덩어리들에 의해 채워져있는 신기하고 처음 보는 광경이었다. 여러차례 발을 멈추고 나 혼자 보기에 너무 아까운 아름다운 모습을 감탄해가며 올랐다.

정상에 가까워졌을때 멀리서 하얗고 높은 기둥이 보였다. Cruz de Ferro 이었다. Cruz de Ferro 에 대한 역사는 분명하지 않지만 이 하얀 나무 기둥 위에 달린 쇠로 만든 십자가는 이 Camino Frances 길에서 가장 높은 곳에 달린 십자가라 한다. 가장 높은 산 정상위에 달렸으니 당연히 맞는 말이었다. Cruz de Ferro 에 가까이 가니 몇명의 순례자들이 그 기둥 옆에 보였다 다가가서 보니 어제 만났던 Rollerstate 의 Anuska 이었다. Anuska 와 네번 째 만남이었다. 그녀도 나를 보고 반가와 달려와 Beso 를 하였다. Anuska 는 이 곳을 기록영화 촬영을 하고 있었다. 그리고 커다란 옛 순례자 Capa (밤색 망또) 에 순례자들에게 받은 여러 기념물을 붙이고 있었다. 그녀는 나에게 기념품 하나를 선사하라고 부탁하였다. 갑자기 줄 것이 없는 나는 내가 가지고 다니던 묵주팔찌를 선사했다.

그녀는 순례자들이 주고간 기념품들이 수십개가 달린 이 Capa 를 산티아고에 도착하면 산티아고 성인 무덤 앞에 봉헌 할 것이라 하였다. 우리는 서로를 격려하는 글을 일기책에 주고 받으며 길을 떠났다. 햇볕에 그을은 얼굴로 산티아고 길을 알리기 위한 이 일에 열정을 쏟는 그녀가 대단해 보였다.

Cruz de Ferro 에서 네번째 만난 Anuska 와 스페인 자전거 순례자들과 함께

이제는 드디어 내리막 길이 시작되었다. 처음에는 아스팔트 길로 시작되던 이 길이 점점 돌덩이로 가득찬 길로 변하는 것이었다. 뾰족한 돌덩어리를 이리저리 피해가며 몇시간을 내려 갔다. 가파른 내리막 길에 자칫하면 발을 삘 수있는 이 길을 조심스레 지팡이에 의지하며 내려갔다. 내리막 길을 시작한 지 2-3 시간이 지난 후에도 다음 마을이 보이질 않았다. 짧아져가는 해가 지기전에 이 산길을 꼭 빠져나가야 한다는 생각으로 내리막 길을 재촉했다. 해가 거의 질 무렵인 6 시쯤에야 드디어

마을이 보였다. 지친 나는 찻길 위에 있는 절벽 길을 가다가 먼 하늘을 내다보며 돌바위에 앉아 잠시 숨을 돌리고 있었다. 그때 마침 내 아래로 관광버스 하나가 오는 것이 보였다.   그 버스 안에 있는 관광객들은 곧 나에게 손을 흔들며 무슨 구경거리가 있는 것처럼 카메라를 내쪽으로 향해 사진을 찍는 것이었다. 순례자 쌤플 사진 '모델'이 된 기분이었다. 잠시 우스운 순간 이었다.

드디어 Molinaseca 에 도착하였다. 작고 아담한 마을이었다. 온종일 돌을 밟고 내려 왔는데 마을 전체가 또 돌이었다. 이제는 멍든 내 발바닥이 불만을 하기 시작했다. 마을 거의 끝 부분에 있는 Albergue de Santa Marina 에 도착했다.   11 시간 만에 도착한 장거리의 하루였다. 늦게 도착한 탓인지 침대가 딱 하나 밖에 안남았다. 감지덕지하게 생각하고 짐을 풀은 후 샤워를 하고 빨래를 했다.

배는 고팠지만 더 이상 걷고 싶진 않았다. 잠시 쉬고 다시 걸으려니 발바닥에서 불이 나는 것 같았다. 어쩔수없이 다시 마을 식당가로 향했다. 식당에 들어가서 빈 테이블에 자리를 잡았다.   그런데 옆 테이블에 있던 순례자가 나에게 같이 먹겠냐고 청했다.   나는 그들과 함께 앉아 식사를 했다. Joyce 와 Katie 는 모녀 순례자이었다. 그런데 우연히도 그들은 내가 사는 집에서 20 분밖에 떨어지지 않은 곳에서 왔다는 것이다. 참 세상은 넓고도 좁다고 생각되었다. 배도 고프고 피곤한지라 모든 음식들이 다 맛있었다.   식사 후 돈이 다 떨어져 은행에 들러 현금을 찾고 알베르게로 돌아가 일찍 잠자리에 들었다.   그런데 잠들은 지 얼마 안되서 온몸이 땀에 젖고 저녁때 먹은 것을 모두 토했다.   몸살이 나고 뱃속도 좋지 않았다.   드디어 병이 났구나 하고 다음날 하루를 이 곳에서 쉬고 가야할 것 같다고 생각했다.   다시 지하실에 내려가 샤워를 하고 침대에 누웠다.

#21 Molinaseca ⇨ Villafranca del Bierzo 31 km

ALBERGUE MUNICIPAL
DE
PEREGRINOS
Villafranca del Bierzo
(León) 2 0 OCT. 201

아침에 일어나니 몸살 기운이 떨어지고 뱃속도 괜찮았다.
계속 걷기로 했다.   그런데 신발을 신으려고하니 오른발목에
통증이 왔다. 발목이 부어 있었다.   어제 오랜 시간동안 돌산
내리막 길을 내려 오느라 발목이 삐끗한 것 같았다.   발목에
붕대를 감고 신발을 신고 길을 나섰다.

오늘 길은 비교적 평탄한 30km 의 길이다. 차갑지만 상쾌한
아침   공기를   마시며   Ponferrada   를   향해   걸었다.
Molinaseca 마을을 빠져나가는 길은 안개로 자욱했다.   산맥
사이에 자리잡은 마을들은 구름으로 감싸져 있었고 카미노의
길도 안개로 싸여있어 앞에 걸어가는 순례자들의 모습들도
순식간에 내 눈앞에서 사라지곤 하였다.   지나가는 카미노의
경치 또한 한폭의 그림 같았다. 늦가을에 익은 곡식들과 수확이
끝나가는 포도밭들이 파란 하늘에 떠다니는 구름들과 함께
그림에서 보는 장면들을 연상케했다.   나는 발걸음을 자주
멈추고 또 다시 돌아오지 못할 것 같은 그 순간들을 음미하면서
걸었다.

현대식 주택가를 지나 2 시간 후에 Ponferrada 시 중앙에 도착했다. 거대한 성이 눈 앞에 보였다. El Castillo Templario de Ponferrada 라고 불리우는 이 성은 12 세기에 Templario 기사들이 썼던 성인데 카미노 길을 지나가는 순례자들을 보호하기 위하여 쓰여졌다고 한다.

El Castillo Templario de Ponferrada 성 앞에서

십자군 영화에서만 보던 이 성벽을 돌아보면서 걸음을 계속했다. 이러한 성을 보면서 다시 한 번 느꼈다. 천년이 넘는 세월 속에 수많은 성당, 병원, 숙박소 그리고 이러한 성까지 순례자들을 보호하고 그들을 돌보기 위하여 이 길거리에 생겼고 그로 인하여 여기저기 작고 큰 마을들이 생기게 되었다는 것이다. 나도 역사의 한 부분이 되어 이 길을 걷고 있는

기분이었다.   오늘 걸음은 시원한 날씨에 처음부터 끝까지 기분좋게 걸었다.

    Villafranca Del Bierzo 시에서 운영하는 알베르게에 도착했다.   샤워를 하고 빨래한 옷을 빨랫줄에 널었다. 우연히도 어제 저녁식사를 같이한 Joyce 와 Katie 와 한방을 쓰게 됐다.   그런데 한가지 재미있었던 것은 우리 셋의 침구가 모두 똑같다는 것이었다.   같은 동네에서 온 우리들은 모두 같은 가게에서 똑같은 침구(Sleeping Bag)를 구입했던 것이다. Joyce 와 Katie 가 저녁을 같이 먹자고 하여 마을 중심지로 갔다. 작은 마을이라 식당까지 몇 분 안걸려서 도착했다.   그곳에 몰려있는 순례자들과 같이 큰 테이블에 둘러 앉아 식사를 했다. 그 식사 테이블은 국제적이었다. 캐나다, 오스트리아, 영국에서 유학하고있는 두명의 한국 학생들, 미국, 그리고 영국 순례자들이었다.   식사 중 우리는 산티아고를 어느날 도착하는 것이 좋을까 하고 이야기했다.   산티아고 성당에서는 순례자 미사가 매일 집전된다.   순례자들은 미사 진례의 한 부분인 Botafumiero 에 관심이 많다.   이것은 80kg 이 넘는 쇠로 만든 커다란 향로인데 11 세기 부터 특별한 미사때 이 향로를 성당 천장에서 긴 줄로 매달아 그네같이 날리우며 연기를 뿜는다는 것이다.   하도 무거워서 8 명의 봉사자가 향줄을 땡기다고한다. 이 커다란 향로를 쓰기 시작한 이유는 옛날 순례자들이 먼길을 걸어오면서 많은 질병을 가지고 왔는데 이 큰 향로로 성당 안의 병균들을 제거하는데 도움이 된다고 믿었기 때문 이라고한다. 이 Botafumiero 는 한번 쓰는데 들어가는 향값만 250€가 든다고 하여 매일 쓸 수가 없어 특수한 날이나 누군가 그 돈을 충당 하여야만 향 전례가 가능하다고 하였다. 우리 정보에 의하면 주일 순례자 미사때 향을 쓰는 확률이 많다고 하여 그 날을 맞추어 산티아고에 도착하고자 입을 모았다. 순례자 미사는 항상 낮 12 시라고 하였다. 내가 도착을 계획한 날은 토요일이다. 만약 토요일 미사때 Botafumiero 를 안하면 그 다음날이 주일이니 나의 확률은 제법 높았다.

오늘밤 자고나면 이제 일주일 정도 밖에 남지 않은 여정이었다. Katie 와 함께 알베르게로 돌아와 잠자리에 들었다.

#22 Villafranca del Bierzo ⇨ La Escuela 27.6 km

이대로 간다면 산티아고는 6 일 후면 도착이다. 가도가도
끝이 없는 것 같이 느꼈던 길이었는데 며칠만 지나면 이 꿈같은
여정도 끝난다고 생각하니 실감이 나지 않는다. 오늘 아침에
일어나 오른발을 살펴보니 이틀 전 돌산을 내려오다 다친 발이
제법 부어 있었다. 붕대로 조이고 신을 신었다. 어제 저녁에 사
놨던 plátano (바나나) 와 빵을 먹고 길을 나섰다. 깜깜한 새벽에
방향을 바로 잡기 위해 이마에 램프를 달고 길을 잘 살펴 마을을
나왔다. 뜨는 해를 보려고 몇 분마다 뒤를 돌아보며 산을
올라갔다. 마을을 빠져 나오자마자 길이 두 갈래로 갈리었다.
Perje 와 Pradela 길이다. 왼쪽 길인 Perje 는 우거진 숲속의
경치를 보며 도로를 많이 피해가는 대신 더 먼 거리이다. 나는
더 짧은 길을 선택했다. 그 대신 차들이 많이 지나가는 도로라
더 조심해야 했다.

산을 오르며 뒤돌아보니 왼쪽 아래로 내가 묵었던 마을이
보였다. 그 마을은 산 계곡 구름 속에 파무쳐 점점 내 시야에서

멀어져갔다. 그리고 하얀 구름이 내 왼쪽 아래 계곡 사이를 감싸고 강물같이 흘러가고 있었다. 내가 뛰어 내리면 날라갈 것 같은 마술 양탄자 같았다.   이 흘러가는 구름 줄기는 산을 오르는 동안 몇 시간이나 계속 되었다.

구름이 내려다 보이는 아침길에서

이처럼 신기한 자연의 아름다움을 보느라 얼마전 까지 느꼈던 내 발목의 통증도 잠시 잊은 채 걸을 수 있었다. 한참 걸으니 산 전체가 몽땅 밤나무로 씌워진듯하게 밤나무들 천지였다. 가을에 무르익은 밤송이들이 땅에 떨어져 양탄자같이 순례길을 덮고 있었다.   그때 내 옆을 스페인 중년 남자 세명이 지나가고 있었는데   한명이 땅에서 밤 몇알을 집어 나에게 먹으라고 권했다.   그의 이름은 Jesus 이었다   그와 다니는 동반자는 Michaelangelo 와 Jose 이었다.   Michaelangelo 와

Jesus 는 형제이고 Jose 는 그들의 동서 였다.   그들은 Madrid 에서 부터 걷기 시작했다고 했다.   그들 셋은 내가 잘 알아듣지는 못하지만 억양이나 행동으로 봐서 서로 의가 좋은 사이인 것 같았다.   여러 시간 동안 웃으며 대화하며 걷는 그들이 부러웠다. Jesus 는 스페인 밤은 조심해서 먹어야 한다고 했다. 어떤 밤들은 짐승들만 먹는 밤이라 사람이 먹으면 배탈이 난다고 하였다.   나는 시장한 배를 채우려고 밤을 여러개 주워 먹었다.   달고 참 맛이 있었다.   이 밤나무산은 몇시간을 가도 끝이 없었다.   주인없이 계속 땅으로 떨어지는 밤송이들을 피해 다녀야 할 정도로 많았다.

점심을 먹은후 부어오른 내 오른발의 발목 통증을 줄이기위해 지팡이와 왼발에 의지하며 걸었다. 왼발을 다치지 않토록 조심했다. 왼발까지 상하면 정말로 더 이상 걸을 수가 없기 때문이었다. 절뚝거리며 몇시간 걷는동안 모든 순례자들이 나를 지나쳐갔다.   천천히 걷는 걸음으로 오후 6 시 반이나 됐는데도 정상에 못 도착했고 해가 서서히 지기 시작했다. 산등에 있는 Escuela 라는 작은 마을에 도착했는데   얼마전 만났던 Jesus 와 그의 동행들이었다.   그들이 이곳에서 머물다 간다고 하고 알베르게도 좋다고하여 조금 비싼 9 € 이지만 깨끗한 알베르게에 짐을 풀었다.

샤워를 하고 빨래를 하려고 했지만 해가 넘어가 내일 하기로 했다.   어쩔 수없이 내일은 입었던 옷과 양말을 다시 써야한다.

식사를 하러 알베르게 식당으로 갔다. 거의 빈 식당에 나 홀로 테이블에 앉았다. 식사중 얼마전 Logroño 알베르게 접수때 만났던 이태리 Sardinia 섬에서 온 Giovanni 와 Marcia 를 만났다. 그들은 그때와 변함없이 조용히 둘만 별 대화 없이 앉아 식사를 하였다. 내 앞 테이블에는 이태리 Torino 에서 온 60 대인 Walt 와 헝가리에서 온 30 대 젊은 Naomi 가 같이 식사를 하고 있었다. 사교적인 이들과 많은 대화를 하며 식사를 하였다. 이제 일주일도 남지않은 나머지 여정을 어떤 길로 가면 좋을가 서로 토론하였다. 저녁을 먹고 Pepe 에게 연락을 해봤다. 지금 어디까지 왔는지, 그리고 언제쯤 나와 다시 만나 산티아고로 같이 걸어 들어갈 지 물어보기 위해서였다. Pepe 는 Lidia 와 둘 다 발이 아파서 하루 20km 이상 못 걷는다 하였다. 내가 예상했던 것과 반대였다. 나는 그들이 나보다 훨씬 앞서 걷고있는 줄 생각했었다. 이대로 가면 나와 점점 멀어져 만날 가능성이 없게 될 것 같았다. 스페인을 떠나기 전에 다시 한번 Pepe 와 Lidia 를 만나고 싶었다.

지도를 보니 내일 가는 길은 온종일 내리막길 이다. 내일을 위해 잠을 잘 자기로 했다.

#23 La Escuela ⇨ Triacestela 23.8 km

점점 해가 짧아지기 시작하여 아침 일찍이 떠나기로 했다. 아침 7시에 나왔는데 달도 안보이고 해가 뜨지않아 온 세상이 깜깜했다. 머리에 램프를 붙이고 길을 나섰다. 아직 산 정상에 다다르지 않아 좁은 산길을 따라 계속 올라갔다. 갑자기 두려운 생각이 났다. 앞뒤가 암흑같이 깜깜한데 나 홀로 플래시 라이터에 의지해 산길을 가다가 혹시 늑대나 산짐승들이 나오지 않을까 두려웠다. 노란 화살표 사인을 놓칠 세라 두리번거리며 다시 알베르게로 돌아갈까도 생각했다. 그러나 아직까지 산짐승에게 봉변당했다는 순례자 이야기는 들어보질 않았기 때문에 혼자 위안하며 계속 걸었다. 그리고 이제 다시는 산속에서 해 뜨기 전에는 길을 나서지 않기로 결심했다. 산 정상에 올라가니 길이 두 갈래가 나왔다. 그런데 사인이 없어 오른쪽 길을 선택했는데 결국 길을 잘못 들었다. 행길로 나가서 지나가는 차를 멈추고 길을 물어 다시 걸었다. 해가 뜨기 시작하자 서서히 순례자들이 보이기 시작했다. 뒤를 돌아보니 구름낀 하늘 전체가 오렌지색과 붉은색으로 물들여지고 있었다.

입이 딱 벌어질 정도로 해가 떠오르는 하늘은 아름다왔다.   이 산을 넘음으로서 이제 나는 카미노에서 제일 큰 Castilla y Leon 지방을 지나고 Galicia 지방에 들어서게 된다.   Galicia 는 내가 걷는 마지막 마을이고 산티아고가 있는 지방이다.   이 지방은 또 스페인에서 연중 강수량이 제일 높은 지역으로 알려져있다.   일기예보에는 이번 주 매일 비바람이 예보 되고 있었다. 비를 맞으면서 산티아고에 들어갈 각오를 하고 있었다

온종일 내리막길을 걷는데 내 오른발목의 통증이 심해지기 시작했다. 신을 풀고 보니 발목이 퉁퉁 부워 있었다.   미국서 온 간호원으로 은퇴한 순례자 한 명이 나에게 진통제 하나를 주고 크림을 발라주고 길을 떠났다.   오늘도 어제와 같이 순례자들이 모두 나를 앞질러 갔다. 이제 5 일만 있으면 산티아고에 도착하는데 갑자기 생긴 통증으로 인해 끝가지 힘들게 산티아고 길을 걷게 되는구나 생각했다. Tricestela 로 가는 길에 어제 저녁 식사때 만났던 Walt 와 Naomi 그리고 얼마전 Leon 에서 처음 만났던 한국에서 온 순례자 S.P. Lee 를 다시 만났다. 우리는 비가 오기 시작해 우비를 뒤집어 쓰고 걸었다.   몇분 있다가 비가 멈췄다.   우비를 벗고 걷기 시작했다.   그러자 또 비가 오기 시작했다.   다시 우비를 입었다.   이렇게 여러번 반복하다가 이제는 안속는다 하고 비가 와도 우비를 안입고 걸었다. 우리들은 서로 쳐다보며 웃음을 터뜨렸다.   점심 시간이 되어 우리는 작은 산골에 있는 카페에서 식사를 했다. Naomi 는

헝가리 Airline 에서 스튜어디스로 오랫동안 일을 했는데 최근에 경기가 좋지않아 Airline 이 문을 닫게되면서 그녀는 일자리를 잃게 되었다고 했다. 그녀의 꿈은 결혼해서 아이를 많이 낳고 사는 것이라고 했다. 항상 상냥한 미소로 사람들을 대해주는 그녀의 꿈이 이루워지기를 바랬다. 즐거운 대화를 나누며 식사를 하고 길을 떠났다.

속도가 느린 나는 다시 홀로 걸으며 생각에 잠기었다. 카미노는 혼자 걸음으로서 내 자신을 되돌아 볼 수있고 묵상과 기도를 할 기회가 생기고 눈앞에 펼쳐지는 대 자연의 경치 속에 내 마음을 흠뻑 담고 갈 수있다. 그러나 가끔 만나는 친구들과의 만남은 나의 카미노 체험을 완성 시켜주었다. 이것이 카미노가 주는 세가지 만남 즉 "내 자신과의 만남" 그리고 "창조주와의 만남" 에 이어 "이웃과의 만남" 이다. 이 세가지 만남의 조화가 이루어질 때 진정한 의미가 산티아고 순례자에게 주워진다고 내 나름대로 정의해봤다.

오늘의 목적지인 Triacestela 를 향해 내려다 보이는 산등에는 아주 커다란 순례자 동상이 있었다. 그 동상은 모자를 붙들고 거센 바람을 맞아가면서 지팡이를 집고 산티아고 방향으로 걸어가고 있는 모습이었다. 순례자들은 그곳에서 쉬면서 기념 사진들을 찍고 가곤 하였다. 그때 또 다시 만난 S.P. Lee 함께 사진을 한장씩 찍었다.

거대한 순례자 동상

마치 이곳에서 산티아고가 보이는 듯 하였다.   내리막길을
가면서 작은 마을들을 지나갔다.   어제와 같이 수많은
밤나무들을 지나갔고 작은 마을에 있는 800년이 넘었다는 고목
밤나무도 지나갔다.   이 오래된 밤나무 가지에는 아직도 많은
밤송이들이 달려있었다.   이 지방 마을들은 가축들을 많이
기르는 것 같았다. 많은 소, 염소들 그리고 양떼들을 모으며
돌아다니는 개들도 눈에 띄었다. 그래서인지 온 마을의 길들은
가축들이 싸고간 배설물들로 가득차있었다. 더럽고 냄새나는 이
것들을 피해 다니기도 쉽지않았다.   왜 알베르게들이

순례자들에게 신발을 신고 방으로 못들어가게 하는지 이해 할 것 같았다.

드디어 오후 4 시반이 되어 Triacestela 에 도착했다. 시에서 운영하는 Albergue de Triastela 에 도착했다.   5€를 내고 순례자 passport 에 또 하나의 도장이 찍혔다.   접수를 하고 나서 Hospital de Orbigo 에서 헤어졌던 한국 순례자 6 명을 다시 만났다.   나보다 훨신 먼저 간 순례자들을 다시 만나게 되어 반가왔다.   천천히 걸어가도 꾸준히 오래 걸으면 나도 이들처럼 같은 목적지에 같은날에 다다를 수 있구나 하며 신통한 내 두 다리에 감사했다.   먼저 샤워를 하러갔다. 그 곳 남자용 샤워장에는 샤워대가 두개 있었다. 그러나 둘다 문제가 있었다. 하나는 샤워 꼭지가 빠지고 없어서 물을 틀면 물살이 폭포같이 쏟아졌다 (물의 양을 control 할 수 없었다). 두 번 째 문제는 timer 때문이었다.   스페인 알베르게는 샤워 물을 틀으려면 벽에 붙은 동그란 단추를 눌러야 물이 나오는데 약 10 초 정도 지나면 물이 자동으로 꺼져 다시 단추를 눌러야 따뜻한 온도의 물이 나온다. 이제까지 모든 샤워는 단추가 하나였었다. 그런데 이번 샤워의 문제는 단추가 두 개가 있다는 것이다. 하나는 찬물 단추 또 하나는 뜨거운물 단추. 그래서 두 단추를 동시에 눌러야 섞여져서 따뜻한 물이 나온다. 단추가 두 개 있는 것 자체는 문제가 아닌데 문제는 이 두 단추들의 timing 이 다르다는 것이다. 냉수 단추가 온수 단추보다 몇초 빨리

157

멈추는 것이었다. 샤워중 갑자기 찬물과 뜨거운 물을 맞아가며 샤워를 한 기억이 잊혀지지 않는다. 이 문제의 해결 방법은 물이 꺼지기 5 초 전에 두 단추를 동시에 눌러주는 것이었다. 깜깍 놀라 비명을 지르며 샤워하는 순례자들의 모습 또한 잊혀지지 않는 추억거리였다.

내가 배정 받은 지하실 방은 이층 침대가 둘이 있었고 내 옆 침대에는 Barcelona 에서 온 30 대 여성들인 Yolanda 와 Sandra 가 잠자리를 준비를 하고 있었다. 그들은 이 곳에서 부터 걷기 시작한다고 했다. 전해 듣기로는 여기서부터 많은 순례자들이 걷기 시작한다고 한다. 지금 이 곳을 지나면 Sarria 라는 비교적 큰 도시가 나온다. 순례자들의 규정에 의하면 산티아고에서 적어도 100km 되는 곳에서 부터 걸어온 증명 도장이 있어야 Compostela (산티아고 순례 증명서)를 받을 자격이 생긴다. 그래서 시간이 없거나 먼거리를 걷기 어려운 사람들은 이곳에서 부터 걷기 시작한다. 그리고 먼 곳에서부터 여기까지 걸어온 순례자들과 이곳에서부터 걷는 순례자들로 카미노길은 갑자기 많은 순례자들로 붐비게 된다. 방학 기간인 여름에는 숙박소도 구하기가 어렵다고 한다.

오늘 저녁은 식당에 가는 대신 마켓에서 빵을 사서 샌드위치를 만들어 한국인 순례자들과 함께 모여 먹었다. 그리고 발목 통증에 좋다는 Ibunoprofen 약과 크림을 사러 약국으로 갔다. 순례자들 사이에 인기가 있는 약인지 마지막으로 하나 남은 Ibunoprofen 크림을 샀다.

빨래를 하고 알베르게 근처에 있는 동네 성당을 찾았다. 가보니 저녁미사는 벌써 끝나가고 있었다. 알베르게로 다시 돌아가는 저녁 하늘은 벌써 어두워졌고 구름 한 점 없는 밤 하늘에는 달이 떠 있었다. 그 달은 거의 보름달이 되어가고 있었다. 지난 9월 29일 St. Jean Pied de Port 에서 이 길을 걷기 시작하기 전날 본 보름달을 또 다시 보게 되니 감회가 새로왔고 내가 걸은 지 거의 한달이 되어 간다는 것을 달이 나에게 말 해주고 있었다. 내가 없는동안 집안 일을 맡아서 하고 있는 아내와 아이들도 생각이 났다. 그리고 며칠 후면 다시 집으로 돌아갈 수 있다는 것을 생각하니 새로운 희망에 기운이 났다.

이제 5일 밖에 남지 않은 이 여정을 마무리할 마음의 준비를 하기 시작했다. 이 길을 걸어오면서 나의 생각과 마음은 어떻게 변했을까? 이 카미노가 나에게 알려준 것은 무엇이었나? 많은 것들을 보고 체험한 나는 더욱 성숙한 인간의 모습으로 이 길을 떠나가야 하지 않겠는가? 지난 일 년동안 하루도 빠짐없이 이 순례길을 갈망하고 준비해오던 나는 지금 무엇을 생각하고 있는지 등등을 내 자신에게 물어보았다. 그렇게 걷고 싶었던 이 길의 하루하루를 나는 소중히 생각하면서 걸었는가? 내가 내 자신에게 충실하게 묵상할 시간을 주었고 내 자신의 모습을 찾으려 노력하였는가? 매일 눈앞에 펼쳐지는 경치속에 숨겨진 창조주의 신비스러움을 보고 마음으로 느끼며 걸었는가? 지나치는 순례자들을 선입견없이 대해주고 격려해주면서 걸었는가? 산티아고에 도착하여 우리가 산티아고 성인 무덤 앞에 서면 성인은 우리에게 어떤 마음가짐과 모습으로 이 곳까지 왔느냐고 묻는다 하였다. 나의 대답은 무엇이될까 생각해 봤다.

알베르게로 다시 돌아오니 순례자들은 곧 도착할 산티아고에 대해 마음들이 들떠 있었다. 그리고 순례를 마치고 무엇을 할 것인가에 대해서도 생각하기 시작했다.

#24 Triacestela ⇨ Ferreiros 31.7 km

요즘은 해가 8 시반 경에 뜨기 시작한다. 알베르게 근처 카페에서 Café Americano 를 마시고 길을 떠났다. 날이 밝아지기 시작하니 Sarria 로 향해 가는 순례자들의 모습들이 보였다. 나도 그들의 행렬 속에 끼어 걸었다. Triacastela 를 빠져 나오자마자 길이 두 갈래로 갈렸다. 먼 길과 짧은 길이었다. 먼길은 Samos 라는 6 세기때 세워진 거대한 Monasterio(수도원) 을 거쳐간다. 이 유명한 곳을 보려고 많은 순례자들은 먼길을 선택한다. 나는 짧은 길을 택했다. 가는 길에 어제 만났던 한국 순례자들과 만나게 되어 이야기 하면서 걸었다. 어제 약국에서 사서 바른 Ibunoprofen lotion 이 드디어 효력이 있는 것 같았다. 어저께까지 부었던 발목이 많이 가라앉았다. 혹시나 해서 Ibunoprofen 알약까지 먹어두었다.

점심이 지나 Sarria 를 지나갔다. 카미노를 걷다 보면 특히 큰 도시를 지나게 될 때 스페인 국기가 눈에 자주 띈다. 평소엔

무관심하게 보던 국기인데 자세히 보면 스페인의 역사가 그안에 담겨져있다.

이 스페인 Bandera de España(국기)를 볼 때마다 지난번 Pepe 가 설명해준 국기의 의미가 생각이 난다. 국기에는 두개의 빨간줄과 그 사이로 큰 노란색 바탕이 있다. 빨간줄의 의미는 용기, 힘, 그리고 가치를 뜻한다하였고 노란색은 너그러움을 뜻한다 하였다. 그러나 내가 궁금했던 것은 그 노란색속에 있는 상징적인 그림(Coat of Arms)이었다. Pepe 의 설명은 다음과 같았다. 스페인 국기 안에는 여섯가지 상징적인 그림이 있다.

왼쪽 윗부분 빨간배경안에 성같이 생긴것은 Castile 왕국을 의미하고, 그 오른쪽에 사자 같이 생긴것은 Leon 왕국, 왼쪽 밑부분은 Aragon 왕국 그리고 오른쪽 밑은 Navarre 왕국을 의미한다고 한다. 그리고 맨밑 가운데부분에 꽃 그림은 Granada 의

상징인 Pomegrade (석류) 꽃 이다.   Pepe 는 Granada 에 대해 재미있는 듯 설명을 하였다.

남쪽 끝에 있는 Granada 는 모슬렘 Morros 족들이 점령하고 있던 스페인의 마지막 땅이었다.   스페인과의 마지막 전쟁에서 패배함으로써 그들은 780 년동안 지배했던 스페인 땅 모두가 Ferdinand II 와 Isabella 여왕에게 돌아가게 되었다.   이 마지막 전쟁은 양쪽에서 치열하게 싸웠다고 한다.   마지막 폐배를 당한 Morros 의 Sultan Muhammad 가 Granada 를 떠나면서 산등에서 되돌아보면서 울기 시작했다 한다. 그때 그옆에 있던 그의 어머니가 그에게 꾸중을 하며 했던 유명한 말이 있다한다. "여자같이 울지마라.   그런 너의 울음이 어떻게 너를 방어할 수 있었겠느냐!" 라는 말을 했다 한다.

15 세기의 여왕 Isabella 는 스페인 역사에서 가장 손꼽히는 인물이었다.   여왕이 된 후 Aragon 왕국의 왕 Ferdinand 와 결혼을 하고 그녀는 갈려져 있던 스페인 여러 왕국들을 통일 함으로서 스페인을 하나의 나라로 만들었다. 그리고 그때까지 780 년 동안 스페인을 점령했던 이슬람 Moors 족들을 모두 물리치어 스페인을 또 다시 카톨릭 국가로 만드는데 크게 이바지했다.   이 스페인 국기안에 그려진   상징은 통일된 스페인의 4 왕국의 역사를 말해주고 있다.

점심을 먹고 어제와 같이 구름이 자욱한 하늘아래 오늘의 목적지인 Ferreiro 향해 걸었다.   천천히 걷다보니 오후 5 시가 됐는데도 나의 목적지인 Ferreiros 는 나오지 않았다. 배가 고프기 시작했다. 배낭에 가지고 다니던 비상 음식들은 벌써 다 꺼내 먹었다. 저녁 7 시가 되자 드디어 Ferreiros 에 도착했다. Casa Cruceiro 라는 알베르게였다. 최근에 새로 만든 알베르게라 현대식으로 깨끗이 만들어졌다. 하지만 10€ 라는 높은 가격을 지불해야 했다. 피곤한 몸이라 무조건 돈을 내고 짐을 풀었다. 해도 요사이는 일찍 지고 빨래할 기운도 없어 샤워를 하고 알베르게 카페로 향했다. 카페에 들어서니 벌써 여러 명의 순례자들이 큰 테이블에서 식사를 하고 있었다. 그들은 나에게 손짓하며 같이 식사를 하자고 권했다. Ireland 에서 온 Bob, North Carolina 에서 온 Martha, 체코 Republic 에서 온 Karol, New Zeland 에서 온 Jane, 영국에서 온 Hank 그리고 스페인 순례자 두명과 함께 이제 남은 순례 계획에 대해 이야기들을 나누며 식사했다. 식사를 하고나니 잠잘 기운밖에 없어 침실로 향했다.

#25 Ferreiros ⇨ Ventas de Naron 22.8 km

어제 많이 피곤했어서 오늘은 짧은 거리를 걷기로 했다. 그런데 아침부터 강한 바람과 함께 비가 쏟아지기 시작했다. Galacia 지방은 비가 가장 많이 오는 지역이라 했는데 사실이었다. 우비를 쓰고 걷기 시작했다. 오후가 되자 천둥과 번개가 치기 시작해 전기가 잘 통하는 알루미늄으로 만든 하이킹 Stick 을 손에 쥐고 가는데 혹시나 하고 두려운 생각도 들었다. 비가 많이 오니 바지 그리고 방수된 가죽 신도 별 수가 없이 물에 흠뻑 젖었다. 안되겠다 싶어 근처 알베르게에 가보니 벌써 순례자들로 만원이었다. 계속 알베르게를 찾았지만 모두 만원이었다. 어쩔 수 없이 걸음을 계속했다. 혹시 다음 알베르게도 만원이면 어쩌나 싶어서 빨리 뛰다시피해 걸었다. 한 두시간 정도 걸으니 Ventas de Naron 이라는 작은 마을 알베르게에 도착했다. 서둘러 6€를 주고 접수했다. 다행히도 주인 아주머니가 빨래를 어디로 가지고가서 해주고 왔다. 빨래값도 6€ 이었다. 내일 입을 마른 옷이 있어서 좋았다. 그런데 생각외로 만원일까싶어 달려온 이 알베르게에 묵는 순례자는 딱 두 명밖에 없었다.   Dominique 라는 프랑스에서온 62 세의 순례자이었다.   나와 같은 방을 쓰게된 Dominique 는 프랑스 집에서 부터 산티아고까지 1,250km 의 거리를 자전거로 순례한다 하였다.   하얀 머리와 수염이 덥숙한 그는 나이에 비해 건강해 보였다.   다소 피곤해보이는 그와 나는오랜 시간동안 산티아고 순례의 의미에 대해 이야기 했다. 그는 4 년 전 이길을 순례했었다.   그리고 지금 은퇴하고 다시 한번 이길을 걷는다고한다.   Dominique 가 한 말중에 인상 깊은것은 현대사회의 삶은 외부적인 개념으로 우리의 생각을 가득차게 만들어주고 그것들을 중심으로 우리가 생각과 행동을 하게 만들어 준다는 것이다.   산티아고 순례길은 우리 마음속 깊이 있는 본성적인 마음을 새로운 눈으로 보게되고 현대사회에서 영향받고 살아온 우리의 생각들을 바로 잡아준다고 하였다. 나도 그의 말에 동의하였다.   우리의 생각이 우리 주변의 가치관에 얼마나 영향을 받으며 사는지 나 자신이 먼저 느꼈다.

#26 Ventas de Naron ⇨ Melide 28.4 km

어제 밤 Dominique 와 단 둘이 편하게 잘 잤다. 아침에 같이 식사를 하고 서로 연락처를 교환하고 그는 자전거길로 나는 걷는 길로 길을 떠났다. 오늘의 목적지는 Melide 이다. Melide 에 대해 아는 것은 별로 없지만 문어 음식이 유명하다고 들었다. 해변가에 가깝지도 않은 이 도시가 어떻게 문어음식이 유명한 지 잘 모르겠다.

열흘전에 헤어졌던 Pepe 가 어떻게 됐는지 궁금해서 연락을 해봤다. Pepe 는 반가와하는 음성으로 "Giovanni(Pepe 가 부르는 나의 이름) ! Que tal?" 내가 어떻게 지내는 지 물었다. 나는 3 일 후면 산티아고에 도착한다고 말했다. 그런데 Pepe 는 자기 부인과 운전하면서 전화를 받고 있었다. 이상해서 물어보니 Pepe 는 발병이 나서 Ponferrada 에서 며칠 전 집으로 갔다고 했다. Lidia 도 마찬가지로 발병으로 집으로 돌아갔다 하였다. 내가 처음에 생각했던 것과는 달리 이제는 그들을 다시 못 만나고 나만 산티아고로 들어가게 됐다. 산티아고 길이 끝나도 서로 계속하여 연락하기로 하였다.

산티아고가 가까와지면서 나의 발걸음도 빨라지는 것 같았다. 오늘 지나고 이틀 후면 산티아고에 도착이다. 마음이 설레인다.

저녁때에 그 유명하다는 *Pulpeteria (문어집)*을 찾았다. 뜨거운 물에 삶은 문어를 토막내서 양념을 뿌린 문어는 직경이 2-3cm 정도로 큼직했다. 그리고 생각보다 질기지않고 부드러웠다. 그런데 별 반찬없이 문어만 먹다 보니 느끼하고 금새 질려서 다 못먹고 남겼다. 문어집 주인이 걱정스러워하며 맛이 없냐고 물었다.

식사를 하고 알베르게 근처의 Plaza del Convento 에 있는 성당에 미사를 드리러 갔다. 미사 30 분 전 부터 묵주기도를 드리고 있었다. 자주 느끼는 것이지만 주중 미사에 참석하는 사람은 그리 많지 않았다. 그 반면에 또 하나 느낀 점은 미사에 참석하는 신자들의 미사에 임하는 진지한 태도였다. 묵주신공을 드리는 모습이나 그들의 음성에서부터 느낄 수가 있었다. 나도 무릎을 꿇고 묵주기도에 참여했다. 미사가 끝난 후 성당을 나가다가 Italy 에서 온 Giovanni 를 만났다. 순례자와 같이 미사를 드린 것이 흐뭇하게 느껴졌다.

알베르게로 다시 들어가니 며칠 전에 만났던 젊은 한국 순례자들이 있었다. 휴계실에 다들 모여 재미있게 이야기하고 있었다. 그중 한국 여학생 한 명이 엄지와 둘째 발가락 사이에 물집이 생겨 마치 살이 찢어진듯 보였다.   내 배낭에 있는 도구로 물집을 터뜨리고 반창고를 발라주었다. 측은해 보였다. 그 학생은 비가 오는데 방수복도 없이 비닐 조각을 몸에 두르고 헝겊으로 된 운동화를 신고 이 길을 걸어 왔다.   집에 두고 온 extra 방수 판초가 생각났다.

그들도 이틀 후면 산티아고에 들어가는 계획을 세우고 있었다. 산티아고에서 약 5 km 밖에 안되는 거리에 있는 Monte del Gozo 알베르게는 순례자 침대를 1000 개 정도 갖춘 가장 큰 숙소 라고 순례자들 사이에 소문이 떠돌기 시작했다.   서로들 그 곳에서 하루를 묵을까 하고 계획들을 세우고 있었다.   Año Santo Jacobeo (영어: Holy Year)라고 불리우는 해는 순례자들의 숫자가 몇배로 늘어난다고 한다. 숙박소도 꽉 차서 잔디밭에서 자는 사람도 있다고 한다.   Año Santo Jacobeo 해는 산티아고 성인(즉: 성 야고보) 의 대축일(7 월 25 일) 이 주일날과 같은 날이 되는 해를 말한다.   들리는 말에 의하면 Año Santo Jacobeo 해에 산티아고에 도착하면 교회에서 전통적으로 전대사 (연옥에서 치뤄야할 잠벌의 용서)가 주워진다고 한다 (추가로 통회하는 마음으로 고해성사, 교황을 위한 기도, 미사 참석, 자선 이나 헌금 등 여러 조건이 따름).   특별히 스페인 사람들과 카톨릭 신자들이 그 해에 많이 늘어난다고 한다. 그리고 그 많은

169

순례자들에게 숙박소를 제공하기 위해 커다란 알베르게를 만들었다고 한다.

이틀 남은 길을 위하여 일찍 잠자리에 들었다.

숙박소의 한국 학생들은 끝나가는 순례길이 아쉬운지 마음이 들떠 10 시가 지났는데도 늦게까지 잠자리에 들지 않았다. 모두 방에 불이 꺼지고 잠을 자기 때문에 10 시 후엔 잡음소리를 안내는 것이 순례자들의 에티켓이다.

#27 Melide ⇨ Arca O Pino 28.8 km

아침에 일어나니 순례자들 중에 지난밤 늦게까지 시끄러웠던 한국 학생들에게 주의를 해달라고 부탁을 받았다. 좀 창피했다.

오늘은 산티아고 도착 바로 전날이다. 목적지인 산티아고에 내일이면 도착할 것이라는 생각이 믿어지지 않게 기뻤고 또 한편으론 아쉬운 마음이 들었다.

지난 한 달동안 나의 동반자였던 푸른 하늘과 흘러가는 하얀 구름들도 이제 하루면 지난날의 추억으로 변할 것이라는 생각에 자주 고개를 돌려 지나온 길을 되돌아 보곤 하였다. 오늘 열심히 걸어야 내일 12 시 순례자 미사를 볼 수 있기 때문에 오늘은 많이 걷고 내일은 반나절만 걸을 계획을 했다. 길게 생각되었던 28 km 의 오늘 길도 빨리 지나갔다. 시원한 날씨와 거의 숲속 길을 걸은 것이 도움이 됐던 것 같았다. 오후 5 시 경에 Arca-O-Pino 에 있는 알베르게에 도착했다. 시에서 운영하는 알베르게라 5€밖에 받지 않았다. 알베르게에 도착하니 현관에서

171

여러명의 스페인 순례자들이 "Giovanni! todos tus amigos están aquí" "너의 친구들이 다 여기 모여있다!" 라고 반겼다. 그옆에는 미국 산호세에서 온 Katie 가 앉아 있었다.   그녀는 나에게 "Did you see my mom?" 하고 걱정스레이 물었다. Katie 와 그녀의 어머니 Joyce 는 숙박은 같이 하였지만 항상 따로 다녔다.   서로 걷는 속도가 다르고 또 서로 자유로운 시간을 가지기 위해서인 것 같았다.   숙박소를 정해놓고 발걸음이 빠른 Kati 가 먼저 가서 숙박소에서 어머니를 기다렸다. 그러나 오늘은 거의 해가 지는 시간인데 그의 어머니가 나타나질 않았다.   걱정이 되서 나도 다시 길에 나가 보았다. 나중에 알고 보니 어머니는 사인을 잘못 보고 계속 산길을 가다가 다시 돌아왔던 것이다.   다행 이었다.

샤워를 하고 모처럼 저녁을 만들어 먹으러 동네 마켓에 갔다. 만들기 쉬운 스파게티 Boulogna (고기가 들어간 스파게티) 를 사서 알베르게에 가니 사람들이 부엌에서 음식을 만드느라 만원이었다.   그 중 가장 나이가 많아 보이는 독일에서 온 Franz 가 마늘을 볶아 넣은 스파게티를 만들고 있었다.   서로 색다른 음식들을 만드느라 정신이 없었다.   한국에서 온 학생 한명은 라면 가루에 스파게티를 말아먹고 있었다. 나도 그 사이에 끼어 음식을 만들었다. 5 € 알베르게 치곤 부엌시설이 꽤 좋았다.   음식들이 다 되자 모두들 만든 음식을 같이 나눠 먹자고 하여 식당에 테이블을 길게 만들어서 모두가 둘러 앉아

와인잔들을 돌리며 즐겁고 유쾌한 식사를 했다.   이날 저녁 식사는 잊지 못할 추억이 되었다.   마치 최후의 만찬인양 이 카미노에서 같이 하는 마지막 식사였다.

산티아고 길에서의 마지막 식사

내일이면 끝나게될 이 여정을 기뻐하면서 또한 우리가 왔던 곳으로 각자 다시 떠나야하는 아쉬움에 다들 말은 안했지만 서로의 눈에서 그 마음을 읽을 수가 있었다.   스페인인 Alejandro, 벨기에에서 온 Sara 와 Wolfgang, 독일에서 온 Franz, 오스트랠리아에서 온 Luke 외에 이름을 기억 못하는 몇명의 순례자들과 즐거운 대화를 나눴다.   모두들 여러 순례자들이 걷게된 동기 그리고 걸으면서 보고 들은 이야기들을 관심있게 들었다. 내 옆에 앉아있는 Franz 는 60 대 중반 쯤 되어보였다. 그는 얼마 전에 아내를 잃었는데 작년에 하나밖에 없는 아들마저 잃었다.   돗수가 높은 돋보기를 쓰고 있는 그의 눈동자는 크게 보였고 그 말을 나에게 하는동안   그의 모습은 많이 슬퍼보였다.   그는 순례가 끝나고 또 본인 이름의 주보 성인인 Francisco Xavier 의 무덤을 방문할 계획이라고 하였다. 나는 말없이 Franz 의 말을 듣고만 있었고   내일 산티아고 성당에 도착하면 그의 아내와 아들의 영혼을 위하여 기도하리라 생각했다.   내앞에 앉아있는 Wolfgang 은 대학생 나이면서 얼굴이 약간 동양적으로 생겨서   물어봤더니 어머니가 한국 사람이고 아버지는 벨기에 사람이라 하였다. 독일어와 불어를 유창하게 하는 그는 인상이 매우 좋았다. 대화중 내일이 토요일인데   미사중에 Botafumiero(커다란 향로)를 단다고 소문이 돌았다.   특별한 대축일이나 주일에만 하는줄 알았더니 뜻밖의 이야기였다.   알고보니 오늘 이 알베르게에 들렀던 Friend of Pilgrim(순례자의 친구) 그룹이 돈을 모아 250€ 를 기증하여 Botafumiero 향을 피울 수가 있게 된것이다.   고마운 사람들이라 생각했다.   식사후 접시를 닦고 잠자리에 들었다. 내일 산티아고 성당에 12 시 순례자 미사에 참석하려면 아침 일찍 떠나야한다.

#28 Arca O Pino ⇨ Santiago 20 km

　　오늘은 드디어 내가 지난 일년동안 기다렸던 날이다.　바로 오늘을 위해 매일 이 순례길을 꿈꿔왔고 많은 시간의 준비와 노력으로 여기까지 오게 된 것이다.　많은 순례자들도 나와 비슷한 생각으로 오늘 이 길을 걸을 것 이다.　비교적 짧은 20km 의 거리를 순례자들은 모두 흥분에　차서 바쁘게들 걸어가고 있었다.

　　어제와 오늘은 걷는 내내 이상하게도 전혀 다리에 신경이 안쓰이고 피곤함도 못 느꼈다.　아마도 내 마음이 온통 산티아고에만 집중 되어서인 것 같았다.　3 주전에 나는 길에서 만났던 브라질 순례자 Sergio 에게　왜 매일 발의 고통을 느끼며 이 길을 가야하냐하는 질문을 했었다.　그는 나에게 이렇게 말했었다. "It's because our mind is not ready" "그것은 아직 우리의 마음이 준비가 되지 않았기 때문이다".　나는 그가 남기고 간 그 말의 의미를 항상 궁금해하고 있었다.　오늘에서야 나는 그가 한 말의 의미를 깨달았다.　나의 마음이 높은 이상과 커다란 희망으로 꽉 차 있으면 육체의 아픔도 훨씬 덜 느낀다는 것 이었다. 이상과 희망이 덜할수록 우리는 육체적, 세속적인 것에 얽매인다는 것을 이제서야 이 길을 통해 깨닫게 됐다.

약 4 시간 정도 걸으니 산티아고 시 입구 사인이 보였다. 산티아고는 Galicia 지방의 수도 도시인 만큼 대 도시중에 하나로 뽑힌다. 이곳은 세계적으로 유명한 성지인 만큼 이곳을 방문하는 관광버스들도 더러 보였다. 그리고 여기저기 학생 그룹이 이곳을 방문해 견학하는 모습도 보였다. 사인을 따라 얼마 걷다보니 건물들 사이로 사진에서만 보았던 산티아고 성당의 높은 두개의 탑이 눈에 들어왔다. 갑자기 나타난 이 탑들을 보는 순간 저절로 걸음이 멈추어졌다. 감격스러움에 잠시 움직일 수가 없었다. 더 이상 이정표도 필요없었다. 성당 탑만 보고 가면 되었다. 산티아고 대성당에 도착하니 오랜 세월동안 때가 묻어 거무스름한 성당벽들이 천년의 역사를 말해주는 듯 하였다. 하늘을 찌를 듯 한 고딕 양식의 성당은 말 그대로 장엄했다. 많은 순례자들이 눈에 띄었다. 여러 길을 통해 산티아고로 걸어온 순례자들이 다들 이곳으로 모였다. 커다란 성당 앞 광장에는 관광객들을 비롯해 순례자들이 여기저기 몰려있었고 각자 나름대로 감격스러움에 성당만 바라보고 있는 사람들도 있었다. 나는 미사가 시작하였기에 빨리 성당 안으로 들어갔다. 벌써 성당 안은 꽉 차 앉을 자리가 없었다. 의자들 옆길에 서있는 순례자들 사이에 끼어 미사에

참여했다.   내 머리 위로 울려퍼지는 오르간 소리는 웅장하고
거룩했다.   어제 저녁에 듣던대로 Botafumiero 향로가 피워지기
시작했고 빨간 옷을 입은 여덟 명의 봉사자들이 향로 줄을
당기기 시작했다. 천장 위 긴 줄에 매달린 향로는 거대한 연기를
뿜으며 성당 끝에서 끝을 자유로이 날았다.   연기로 자욱해진
성당 안은 신비스러움으로 가득 찼다.   평화의 인사 시간에
주위에 있는 순례자들과 인사를 했다.   서로 주님 안에 한
형제라는 것을 더욱 더 진실하게 느낄 수 있었다.   성체 성사
시간에 귀에 익숙한 Pan de Vida 성가를 부르며 성체를 모시러
순례자들 사이에 섰다.   나는 나도 모르게 흐르는 눈물을 걷잡을
수가 없었다.   너무나도 감사했고 또 감사했다.   지난 일년동안
갈망하고 꿈꿔왔던 순간이 지금 이 시간에 현실이 되었음에
너무나도 감격스러웠다.   나를 위하여 기도하고 있는 교우들과
또 고통에 시달리는 모든 이들을 위하여 기도하였다 내겐
평생을 두고 잊지 못할 순간이었다.

미사가 끝나고 나가는 길에 어제 저녁 식사를 같이한 Franz,
Sara 와 Luke 을 만났다.   너무 반가와 꼭 껴안고 인사들을 했다.
나는 Franz 에게 오늘 미사 중에 그의 아내와 아들을 위해
기도했다고 말했다.   그의 눈에 고여지는 눈물을 보곤 괜히
말했나하는 생각이 들었다. Leon 시에서 도미니코회 수녀님들이
말씀하신대로 미사 후 제대 밑 지하에 모셔 놓은 성 야고보의
무덤을 방문했다.   관속에 모셔 놓은 성 야고보 무덤 앞에

무릎을 꿇고 잠시 기도했다.   방문자들의 줄이 길어 오래 묵상할 수도 없었다.   성당을 나와 산티아고 순례 증명서를 발급하는 사무실에 들렀다.   생각보다 순례자들이 그리 많이 기다리고 있지는 않았다.   내 차례가 오자 나는 내 순례자 Passport 와 여권을 내주었다. 자세히 두 증명서를 확인한 후 Compostela (증명서)에 라틴말로 '*Joannem*' (요한)과 날짜를 잉크 펜으로 써서 주었다.

산티아고 성지가 생기고 나서 많은 순례자들이 이곳을 방문하기 시작했는데 어떤 특별한 경우에는 이곳을 순례했다는 증명이 필요했었다고 한다 (예: 죄수가 형벌로 이곳을 오게된 경우, 전대사를 받기위한 증명서 등등).   그러나 그 중에 거짓말로 이곳을 다녀왔다고 하는 사람들이 생기기 시작해 13 세기 부터는 공식 증명서 (Compostela)를 발급해 주는 제도가 생겼다고 한다.   그리고 나는 경험해보지 않았지만 이 증명서를 보여주면 Airline discount 와 parador(정부 운영 호텔) 같은데서 무료 식사등을 제공받을 수도 있다한다.

이제 나는 가야할 길을 다 걸었고, 마치 힘든 숙제를 끝낸 아이처럼 마음이 무척 가벼워졌다.   다음은 순례를 마치고 전통적으로 구입한다는 Conch(조개껍질)를 사러 갔다.   이 Galicia 지방 해변가에서 나오는 조개껍질은 다른데서 볼수없는 것이라한다. 껍질 모양이 독특해서 옛날에는 이곳을 다녀왔다는 증거물로 이 조개껍질을 가지고 집으로 돌아갔다고 한다.   나는 조개껍질 두개를 샀다. 하나는 집으로 돌아가서 앞 뜰에 모신 성모상에 걸어드릴 것이고 또 하나는 내가 보관하기 위해서이다.

저녁때가 되어 산티아고 거리를 걷고 있는데 Hospital de Abrigo 에서 마지막 만났던 체코 Republic 에서온 Karol 을 만났다. 그의 이름은 교황 요한 바오로 2 세의 본 이름과 같아 기억 하기가 쉬었다. 30 대쯤 되어보이는 그는 인상이 좋았다. 영어를 유창하게 하는 그는 software 관련 직업을 가지고 있었다. 저녁을 같이먹고 그는 그다음날 집으로 돌아가야 하기에 헤어졌다. 나는 내일 오후에 지구끝이라고 불리웠던 Finisterra 에 가려고한다. 순례지는 아니지만 이 산티아고까지 온 순례자들이 대부분 전통적으로 방문하는 곳이다. 약 90km 의 거리로 3 일 동안 걸어가야한다. 나는 이틀 후면 다시 집으로 돌아가야 하기 때문에 버스를 타고 가기로 했다.

이제 잠자리를 구하러 이곳에서 가장 큰 Albergue Seminario Menor 를 찾았다. 이 알베르게는 옛 신학교를 알베르게로 쓰는 것 같았다. 커다란 학교같은 건물이었다. 값은 비교적 비싼 10€ 이었다. 이 곳에 접수를 하고 나의 마지막 도장이 내 순례자 Passport 에 찍혔다. 접수를 하고 방으로 가니 카미노에서 만났던 많은 친구들이 벌써 와 있었다. 샤워를 하고 나의 마지막 빨래를 하고 지하 식당에 가니 한국순례자 학생들이 음식을 만들고 있었다. 나도 같이 와서 식사 하자고 해서 그들과 함께 맛있게 먹었다.

내일은 주일이다. 주일 12 시 순례자 미사에 참석하고
Finisterra 로 향하기로 했다.   모든 일들이 무사히 이루어져서
감사한 마음과 동시에 한편으론 허전한 마음속에서 잠이
들었다.

산티아고 대성당 앞 광장에서 신발을 벗고
오랜휴식을 취할수 있었다

#29 Santiago ⇨ Finisterra

오늘 아침에는 느긋하게 일어나 산티아고 성당 안의
박물관으로 향했다. 겉에서 보기와는 달리 안에는 무척 컸다.
스페인의 역사와 산티아고 대성당의 천년 역사를 설명해주고
있었다. 초라하게 생긴 박물관 입구만 보고 안들어 올뻔했는데
그냥 지나치지 않은게 다행이라 생각했다. 박물관을 나와서
미사를 드리러 갔다. 어제 순례자의 미사같이 많은 순례자들이
모였다. 미사를 마치고 나가는데 Leon 에서 만났던 S.P.
Lee 형제를 다시 만났다. 그는 발걸음이 나보다 훨씬 빨라 벌써
집으로 간 줄로 알았었다. 다시 만나게 되어 반가왔다. 그는
나에게 같이 점심 식사를 하자고 했다. 산티아고 골목을 몇개
돌아 어느 중국식당에 갔다. 오래만에 흰 밥과 동양 음식을
먹으니 맛이 있었다. 식사중 대화를 하다가 그가 나와 같은
나이라고 해서 더 가까운 친구 같이 느껴졌다. 식사후 카페에서
차를 마시고 다음날 한국으로 떠나야하는 그와 연락처를
교환하고 헤어졌다. 산티아고에서의 만남은 사람들 사이를
더욱 더 가깝게 해주는 힘이 있는 것 같았다. 비록 대화는 많이
안했다 하더라도 같은 길을 걸었다는 사실이 두 사람을 가깝게

해주는 신비스러운 무언가가 있었다. 어제와 오늘 반가왔던 만남들과 동시에 아쉬운 이별 또한 함께 이루워졌다. 우리의 인생을 말해주는 것 같았다. 짧은 시간이었지만 정들었던 사람들과 항상 함께 할 수 없다는 것이다.

카미노 친구 : 산티아고에서 다시 만난 한국에서 온 S.P. Lee

나는 Finisterra 로 가는 버스를 타기위해 배낭을 매고 한시간 정도버스 터미날을 향해 걸었다. 버스 터미날에는 많은 순례자들이 버스를 기다리고 있었다. 그중 많은 순례자들은 Muxia 라는 Finisterra 근처 작은 해변가 마을로 향하였다. 나는 시간이 없어 Finisterra 에만 가기로 했다. 버스를 2 시간반 정도 타고 항구 도시인 Finisterra 에 도착했다. 처음에 찾은 곳은 지구 끝 마을의 끝 부분인 Faro(등대) 로 향했다. 지구 끝에 가서 석양이 지는 것을 보리라 생각했지만 구름이 잔뜩 껴서 해는 보이질 않았다. 마을 중심지에서 약 30 분 정도 거리에 있는 등대에 도착해서 해변가로 내려 갔다. 몇명의 순례자들이 그곳에 와 있었다. 순례자들은 모두들 묵상에 잠겨 말들이 없었다. 그들은 바다를 바라보며 해변가에 있는 돌 위에 앉아 바다를 쳐다보고 있었다. 순례자들이 순례를 끝내고 더 이상 필요없는 신발이나 옷들을 태워버린다는 돌로 만든 화로가 보였다. 파도 치는 암석 위에 앉아 나는 내가 사는 집이 있는 대서양 쪽 먼 바다 끝을 바라보았다. 이제 곧 다시 만날 아내와 집 생각이났다. 지난 한달 동안 나의 산티아고 체험은 꿈같이 느껴졌다. 그동안 만난 모든 동료 순례자들의 모습도 눈앞에서 필름같이 돌아갔다. 나를 지치게했던 오후의 걸음길, 발의 통증, 즐거웠던 식사 시간들, 희망차고 기뻤던 모든 시간들이 이제는 추억거리가 되었다. 카미노에서의 마지막 일몰을 바라보며 나는 깊은 생각에 잠겼다. 이제 나는 내일 다시 내가 살던 곳으로 돌아간다. 나는 이 체험을 통해 어떻게 남은 삶을 살아야 할까? 생각 하면서 또 하나의 새로운 카미노가 내앞에 펼쳐 있음을 느꼈다. Buen Camino!

지구의 끝이라고 믿었던 Finisterre 끝에 있는 등대 : Faro de Cabo

부록

준비물

산티아고 준비물들은 사람들마다 다르다. 한 가지 지적 할 것은 되도록이면 꼭 필요하지 않으면 가지고 가지 말아야 한다. 하루에 한 두시간만 걷는 것이 아니기 때문에 약간의 무게에 몸이 예민해지고 자그만한 물건이라도 발을 피곤하게 만든다. 사과 몇개도 무개 때문에 넣고 다니지 않았다. 보통 추천 하는 무게는 몸 무게의 10%가 넘지 않아야 한다고 한다. 혹시 걷기 시작한 후 하루 이틀 걷다가 힘들어지면 꼭 필요하지 않은 물건들을 빼서 산티아고 우체국으로 소포로 부치면 된다. 순례자들의 소지품들은 대부분 비슷하다. 사람마다 다소 다르겠지만 중요하다고 생각하는 몇개를 나열해 분다.

배낭(Backpack) – 내가 가지고 갔던 배낭은 다른 사람들것 보다 컸다. 대부분 순례자들의 배낭은 45 Liter 미만이었다. 나는 65 Liter 짜리로 너무 컸던 것 같았다. 물건들을 다 넣고 많은 Space 가 남았었다. 비가 올때 쓸 waterproof cover 를 가지고 가서 도움이 됐다. 배낭을 구입하기전에 무게를 넣고 한번 걸어보면 좋다.

침낭(Sleeping Bag) – 내가 가지고 갔던 침낭은 40F °(4.4C °) 용으로 4 월이나 10 월달 날씨에 알맞은 것 같았다. 무게를 줄일수 있도록 가능하면 가벼운것을 추천한다.

신발 (Hiking Boots) - 가장 중요한 물건이다. 산티아고 가기 몇달전에 사서 내 발이 편한지 실험하는게 좋다. 발목까지 올라오는 것이 돌길을 갈 때 발목을 삐는 것에서 보호해준다. 신발 바닥은 딱딱할수록 돌길을 갈때 도움이 된다. 그리고 신발속 안에 들어가는 Lining 을 cushion 이 좋은 것으로 바꾸어 많이 도움이 됐다. Hiking Boot 외에 가지고 갈 신발은 아주 가벼운 슬리퍼(Slipper) 이다. 화장실 갈 때나 저녁에 동네 돌아다닐 때 신고 다닐 수 있다.

양말 – 순례자들사이에 많이 쓰는 것이 Smart Wool 이라는 양말이었다. 그리고 얇은 liner 라는 양말도 신고 그 위에 두꺼운 하이킹 양말을 신어서 물집 방지에 도움이 됐다. 절때 면(Cotton) 으로 된 것은 피하는게 좋다. 3 개 정도 가지고 가는게 좋다.

속내의 (Underwear) - 가능한 면으로된 물건을 피하는게 좋다. Sports store 에가면 운동용으로 땀을 잘 빨아드리고 잘 마르는 속옷(wicking fabric material) 들이 있다. 빨래 할때도 빨리 마른다. 3 개 정도 가지고 가는 게 좋다.

세면도구 – 카미노 숙소의 샤워장은 옷이나 세면도구를 거는 데가 없거나 부족하다. 비누를 놓을 데도 없어 불편했다. 문에 걸을 수있는 무언가를 가지고 가면 많이 도움이 될듯 했다. 한달동안 호텔에서 주는 작은 비누 두 개면 충분했다. 비누를 샴푸 대신 썼다. 작은 빨래 비누도 유익했다. Suntan lotion 도 필수이다. 가을 날씨 에도 오후 햇빛은 강했다.

Hiking Pole(지팡이) – 지팡이를 가지고 가는 순례자들이 반 정도 되는 것 같았다. 어떤 순례자들은 필요 없다고 가지고 다니지 않았다. 나에게는 유익했다. 가파른 내리막 길이나 돌길을 갈 때 넘어지지않게 도와줬고 이런 일은 일어 나지 않았지만 혼자 길을 갈 때 동네 개들이나 산에 동물들과 싸울 수있는 무기가 될 수가 있다.

카미노 약도 (Map) – Amazon 같은 online store 에서 책을 사가지고 갔다. 여러 책들을 구입할 수가 있다. 많이 알려져있는 책중에 하나는 John Brierley 저자가 쓴 'Camino Santiago Map. ISBN 1844095991 (118 페이지)' 간단한 길 설명과 지도가 있는 이 책 하나면 길을 충분히 갈 수있다. 나는 이 책을 사용했다. 또 같은 저자가 쓴 책으로 지도와 더 상세히 추가 설명이 나와 있는 책은 'A Pilgrim's Guide to the Camino de Santiago. ISBN 1844095894 (228 페이지)' 이다.

장갑 (Gloves) – 많은 경우 해뜨기 전에 길을 떠난다. 계절에 따라 다르겠지만 늦 가을 새벽 날씨는 쌀쌀했다. 쌀쌀한 날에 비가 올 때 손이 젖어 무척 차가왔다. 순례 중 방수 장갑을 하나 사야 했다.

방수 옷(Rain Gear) – 보통 비가 올 때 뒤집어 쓰는 Pancho 나 방수된 쟈켓트를 입는다. Pancho 는 가볍고 좋은데 바람이 불면 옷에 비가 들어오는 게 단점이다. 나는 바지위에 입는 방수 바지와 자켓트를 썼다. 배낭을 씨우는 방수 껍질도 썼다.

무릎보호대(Knee Strap) – 나는 무릎이 약해져 4 시간정도 걸으면 무릎관절 통증때문에 카미노를 걷는 것이 불가능하게 여겨졌다. 우연히 발견한 물건이 이 문제를 해소시켜줬다. 그것은 무릎 보호대 이었다. 내가 썼던 것은 Muller Max Knee Strap 인데 기적같이 하루 종일 걸어도 관절이 안아팠다. 중요한 것은 걷기 시작 할 때부터 착용하여야 효과가 있다.

물집 (Blister) 치료도구 - 어떤 순례자들은 물집이 한번도 안생겼다. 그러나 대부분의 순례자들은 물집때문에 적어도 한 번 정도고생한다. 물집 방지 방법은 여러가지가 있다 한다 그리고 사람에 따라 다르다고 한다. 공통적인 것은 걷다가 발이 불편하기 시작하면 즉시 양말를 벗고 보도 치료를 빨리하는 것이다 물집이 커지기 전에 터뜨리고 치료하고 다시 걸어야한다. 물집 터뜨리는 바늘과 소독 알콜 Pad 를 가지고 가면 좋다. 그리고 물집을 터뜨려도 물이 다 안 빠지면 더 커지게되어 바늘에 실을 꿰어 물집에 넣어끼고 실을 자르면 실을 통해 물이 계속 빠진다 한다. 물집을 터뜨렸는데 계속 아플때에는 Blister Skin(pad)를 미리 가지고가 붙이면 덜 아프게된다. 스페인 사람들한테 배운 물집 방지 방법중에 하나는 아침에 일어나자 마자 Vaseline 을 발바닥에 충분이 바르면 미끌거려 물집이 생기는 것을 방지할수 있다는 것이다. 또한 얇은 양말(Liner)을 신고 그 위에 하이킹 양말을 신는것 또한 방지하는 방법이었다. 그러나 이런 모든 방지법을 써도 나는 물집이 이틀에 한 번정도로 첫 열흘동안 계속 생겼다.

침대벌레(빈대) 방지약 (Bed Bug Spray) - 카미노에 빈대(스페인어:Chinches "친체스") 가 많다고 들었지만 나는 딱 한번 머리에 물렸다. 혹시를 대비해서 자기 전 침낭속과 베게에 한번 뿌리고 잤다. 작은것 하나 가지고 가는것을 추천한다

스페인어 (Spanish)

카미노에서 거쳐가는 숙박소나 가게들에서는 거의 영어가 통하지않는다. 스페인어를 조금 배워가면 좋다. 필요한 단어 몇마디면 의사소통이 된다. 문법에 너무 신경쓰지 말고 단어만 말해도 스페인 사람들은 이해를 한다. 그 중에 몇가지를 소개한다.

참고로 순례자들 사이에는 서로 반말을 한다. 이것은 나쁜 의미에서가 아니라 서로 친한 사람들이기 때문이다. 내가 처음 스페인 친구인 Pepe 를 만났을때 존대어로 시작해 계속 존대어 'Usted(당신)'를 썼더니 기분 나빠했다. 그의 설명은 서로 믿는 사람끼리는 존대어를 쓰지 않는다고 하였다. 그 때부터 나는 'Tu (너)' 를 썼다. 가게나 숙박소 종업원들과는 존대어를 쓴다.

스페인 발음은 쓴 그대로 읽는다. 예외되는 발음은 다음과 같다:

J – '**ㅎ**' 발음 예: Jesus (헤수스)

LL – '**요**' 발음 예: Pollo (뽀요)

G – '**ㅎ**' 발음 예: Gente (헨떼)

C – '**ㅌ**' (영어의 'th' 발음) 예: Gracias
(스페인에서는 '그라티아쓰', 남미에서는 '그라씨아쓰' 로 발음한다)

H – 이 발음은 하지 않는다. 예: Hola (올라) Hospital (오스피딸)

인사말

Hola! – Hello, 안녕하세요? 이것은 아주 단순한 인사이다. 대부분 Hola 후 Buenos Dias 같은 말이 따른다. Hola 만 하는 것은 예의에 어긋날 수도 있다. 특히 처음 만나는 사람에게는 Hola, Buenos Dias 로 말하는것이 더 적절하다.

Buenos Dias- 아마도 가장 많이 쓰는 말 같다. 아침에서 점심 시간까지 쓰는 말이다.

Buenos Tardes - 점심후 오후부터 저녁시간까지 쓰여 진다. 미국같은 나라에선 Good Afternoon 이라는 말은 거의 안쓰지만 스페인에서는 시간에 따라 확실히 분별 해서 쓴다.

Buenos Noches- 보통 밤늦게 자기전 헤어질때 쓴다. Good night 이나 '안녕히 주무세요' 와 같다고 생각 하면된다.

Como Eatas? (반말) Como Esta?(존대말) - 안녕 하세요?

Muy Bien, gracias – 좋습니다. 고맙습니다. I am fine. Thank you.

Muchas gracias. Hasta Luego - "감사합니다. 또 봅시다" 라는 말이다. 상점에서 물건을 사거나 나를 도와줬던

사람들과 헤어질 때 많이 쓴다. 또 볼기회가 없더라도 또
다시 보자는 말을 하는 풍습이 좋아 보였다.

Buen Camino! – "길을 잘가세요" 라는 의미이다. 이 말은
카미노 순례자들 사이에 제일 많이 쓰는 말이었다. 길에서
서로 만나 지나쳐 갈 때 "Hola! Buen Camino!" 라는 말을 한다.
순례자들을 지나칠 때 말없이 지나가는 사람도 가끔 봤는데
순례자 끼리는 서로 격려를 하며 걷는 것이 전통이다.
산티아고를 걷는동안 나는 먼저 인사를 하는 버릇이 생겨
졌다.

가게 에서

- 얼마 입니까? - Cuánto?
- <xxx>을 찾습니다 - Estoy buscando <xxx>

길을 물을때

카미노의 길을 물을 때는 사실상 말이 필요 없다. 외국인줄 알고 얼굴 표정만 보면 동네 사람들이 내가 무엇을 묻는지 알기 때문이다. Camino? 한 마디만 하면 손가락질로 방향을 가리켜 준다. 가끔 구체적인 질문을 할 때 필요한 몇 가지를 적어 본다.

- 여기 – Aqui (아끼)
- 저기, 저쪽 – Allí (아이)
- 왼쪽 – izquierda (이스께르다)
- 오른쪽 – derecho (데레쵸)
- 우체국이 어디냐? - Dónde está correos (꼬레오스) ?
- 약국이 어디냐? - Dónde está la farmacia?
- 숙박소가 어디냐?- Dónde está el albergue?
- 마켓트가 어디냐? - Donde está el mercado?(메르까도)
- 화장실이 어디냐? - Dónde está el baño? (바니요)
- 어디서 <xxx> 을 살수 있냐? - Dónde puedo comprar <xxx>?

걸으면서 쓰는 용어

참고: 길에서 만나는 순례자 반정도는 스페인 사람이라 생각하면 된다. 스페인 사람들은 대부분 영어를 잘 못한다. 외국에서 온 순례자들과는 대부분 영어를 쓰고 가끔 불어를 쓰게 된다. 신경 써야 할 것은 간단한 인사 외의 대화를 원하지않고 혼자 묵상하며 가는 것을 원하는 사람들이 있다. 말 몇 마디만 금방 알게 된다. 그럴 때는 'Buen camino!' 인사를 하고 따로 걷게 하는 것이 예의이다.

- 안녕하세요? – Hola! Buenos Dias !
- 어디서 왔습니까? De dónde eres?
- 나는 <한국> 에서 왔습니다 – Soy de Corea
- 당신 이름은? – Su nombre?
- 내 이름은 <XXX> 이다 – Mi nombre 'XXX'
- 거의 다왔다 – Casi alli
- 나중에 보자 – Hasta luego
- 너는 어디까지 가느냐? – A donde vas?
- 잘 잘냐? Dormido bien?
- 잘잤다 Dormido bien
- 나는 물집 이 생겼다 – Tengo una ampolla(암뽀이야)
- 너는 물집이 생겼냐? – Tiene una ampolla?
- 배곱으다 – Tengo hambre

193

- 피곤하다 – Estoy cansado

- 참 경치가 아름답다 – Hermoso

- 춥다 - Frio

- 덥다 - Caliente

- 내일 비가 오냐? – lluvia mañana (쥬비아 마니아냐) ?

- 내일 날씨가 어떠냐? – Como es tiempo mañana?

알베르게(숙박소) 용어

- 잠자리가 있읍니까? - Tiene una cama?

- 얼마 입니까? - Cuánto es?

- 빨래 건조기가 있습니까? - Tienes secadora?

- 이 곳에서 아침을 먹을수 있습니까?

    o Podemos desayunar (데싸유나르) aquí?

- 이 곳에서 저녁을 먹을수 있습니까?

    o Podemos cenar(쎄나르) aquí?

- 취사할 부엌이 있습니까? - Podemos cocinar (꼬치나) aquí?

- 유로 동전이 필요 합니다 - Necesito Euros

- 미사 시간이 언제냐? - Qué hora es la Misa

- 요새 해가 몇 시에 뜨냐? - Cuando es la salida del sol

- 이 산에 늑대들이 있냐? (큰 산에서만 있다고 함)

    o ¿Hay(아이) lobos en esta montaña?

- 숙박소 봉사자 – Hospitaleros

음식 용어

참고: 스페인에서는 팁을 전혀 주지 않는다.

- 순례자 메뉴를 원합니다 - Me gustaría   Menú del peregrino
- 나는 <살라다> 를 원합니다- Me gustaría una <ensalada>
- 살라드- Ensalada
- 빵- Pan (빤)
- 물 – Agua
- Cafe 에서 물병에 물을 채워달라 부탁할때 -   Agua por favor
- 우유- Leche   (레체)
- 오렌지 쥬스 - Zumo de naranja (투-모 데 나랑하)
  - 발음하기가 아주 어렵다. Zumo 의 'Zu' 는 영어의 'th' 발음이다. 'Thoo-Mo'.   Naranja 도 어렵다.   'ja' 는 가래를 뱉을때 소리의 '하...' 발음이다.   스페인의 오렌지 쥬스는 대부분 싱싱한 오렌지를 짠 쥬스라 참 많있고 신선했다.   이 쥬스를 마실려면 발음 연습을 잘 해야 마실수 있다.
- 토스트 한 빵(아침에 쨈과 함께 먹는) - Tostada
- 커피 (진한 우유와 섞은 진한 커피) - Café con leche

- 커피 (덜진하고 양이 많은 미국식 커피) - Cafè Americano

- 쇠고기- Carne

- 닭 고기 - Pollo (뽀요)

- 와인 - Vino

- 맥주 (보통) – Cerveza

- 맥주 (약간 달콤한 레몬 쥬스와 섞은) - Cerveza con limón

- 아이스 크림 - Helado (헬라도)

- 맛 있다 - Sabroso

산티아고 가는 길들

산티아고로 가는 길들은 여러가지이다. 프랑스 Paris 나 Le Puy 같이 멀리서 오는 길이있고, 포르투갈에서 올수있는 짧은 길이 있다. 독일에서 부터 온 순례자 그룹도 만났다. Paris 나 Le Puy 에서 온 순례자들에 의하면 그들이 걸어온 길들도 스페인내에서의 길만큼 아름답고 많은 역사적인 마을를 지나온다고 하였다. 또한 알베르게 시설도 스페인보다 더 좋았다고 말하였다. 그 방면에 스페인 만큼 알베르게가 많지 않았고 가격도 더 비쌌다고 하였다. 공식적인 카미노길이 무엇인지 구분하기는 쉬운 일이 아니다. 옛날 순례자들은 배낭을 메고 집을 나서 부터 걷기 시작했다 한다. 그러니 카미노 산티아고 길은 바로 순례자들이 걸어온 모든 길들이 다 산티아고 길이라고 할 수 있겠다. 그러나 몇 개의 대표적인 카미노길들을 소개 해 본다.

Camino Frances

유럽각지에서 스페인으로 들어오는 입구라고 불리우는 프랑스의 마을인 St. Jean Pied-de-Port 는 가장 많은 순례자들이 이곳에서 걷기 시작하거나 다른 곳에서 시작했지만 이곳을 거쳐 스페인 카미노로 들어 온다. 이 곳에서 부터 산티아고로 가는 길을 Camino Frances 라고 불리운다. 여기서 산티아고까지 약 800 km (500 mile) 그리고 지난 천 년동안 제일 많은 순례자들이 걸어왔던 이 길에는 순례자들을 위하여 가장 많은 성당, 순례자 숙소(Albergue), 식당들이 생겨 났다. 그리고 유럽 순례자들, 특히 프랑스 순례자들이 이 길을 통하여 많은 문화, 건축기술들을 전파 했다. 처음 순례를 하는 사람들에게 가장 추천을 하는 길이 바로 이 길이다. 건강한 사람의 걸음으로 30-35 일 정도가 걸린다 한다.

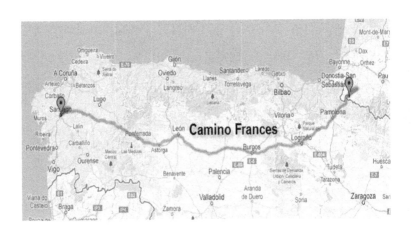

Via de la Plata

이 길은 스페인 남서쪽에 있는 Seville 에서부터 오는 길로서 약 1,000 km 거리이다. 보통 6-7 주가 걸린다 한다.
Camino Frances 가 많은 순례자들이 몰리게되는 계절에는 이길을 선택하는 사람들이 늘어난다 한다.   이길은 옛날 로마인들이 닦아놓은 길을 Astorga 까지 걸어온다.
알베르게는 Camino Frances 만큼 많이 있지않다.

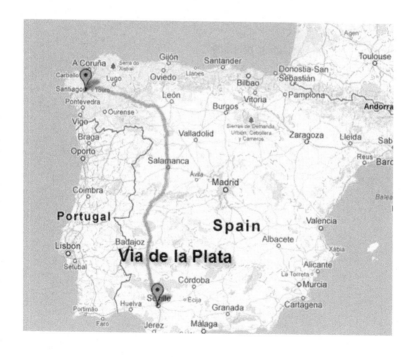

Camino del Norte

스페인 북쪽 프랑스 경계선에 있는 Irun 에서 부터 시작하는 아름다운 해변가를 따라 걷는 길이다. 거리는 825 km 의 길로 언덕과 가파른 길들이 많아 쉽지 않다고 한다. 순례자들이 붐비는 여름이나 조용한 분위기의 순례를 원하는 사람들이 이 길을 걷는다 한다. 그대신 숙박소가 그리 많지 않다.

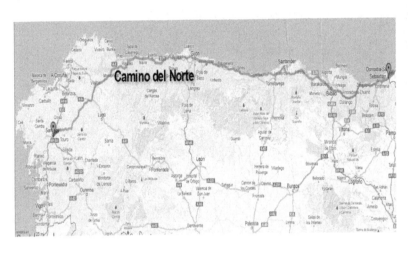

Camino Portuguese

포르투갈 Lisbon 에서 시작하는 이 길은 230 km 의 길로서
비교적 짧은 길이다. 길들도 잘 되있고 알베르게들도 꽤 있다고
한다. 약 12 일 에 걸을 수 있는 길이다.

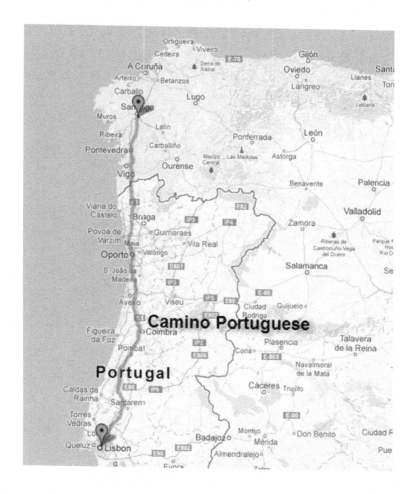

Camino Ingles

스페인 서북에 있는 Coruna 이나 Coruna 에서 시작하는 길이다.
Ferrol 에서는 110 km 의 길이지만 Coruna 에서는 75 km 로서
Compostela(증명서) 를 받기위해서는 너무 짧은 거리이다. (최소
100 km 를 걸어야함).
이 길에 몇개의 숙박소 밖에 없고 최근에 많은 고속도로들이
생기어 묵상하면서 걸을 수있는 길은 아니라고 한다. 이 길 대신
짧은 Camino Portuguese 이나 Camino Frances 의 한 부분을
걷는 것을 추천한다고 한다.

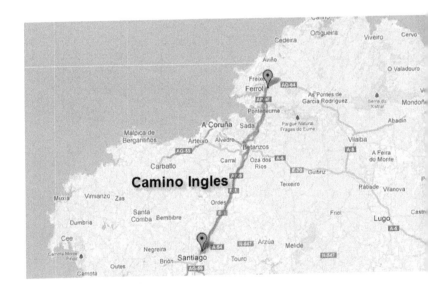

스페인어 미사 통상문

순례길에 있는 마을에는 성당이 적어도 하나 씩은 있어 미사를 할
수 있는 기회가 자주 생긴다. 카톨릭 신자라면 언어를 몰라도
미사를 하는데는 큰 지장이 없겠지만 스페인로된 다음과 같은
미사 통상문을 준비하고 가지고 가서 더욱 더 미사에 참여하는
마음으로 미사에 임할수 있었다.

미사 시작

En el nombre del Padre, y del Hijo, y del Esp'iritu Santo.   Am'en.
성부와 성자와 성령의 이름으로 아멘-
La gracia de nuestro Senyor Jesucristo,
el amor del Padre
y la comuni'on del Esp'iritu Santo
est'en con todos vosotros
사랑을 베푸시는 하느님 아버지와 은총을 내리시는 우리주 그리스도와
일치를 이루시는 성령께서 여러분과 함께
Y con tu esp'iritu.
또한 사제와 함께-
Hermanos: para celebrar dignamente estos sagrados misterios,
reconozcamos nuestros pecados.
형제여러분, 구원의 신비를 합당하게 거행하기 위하여 우리죄를
반성합시다-
Yo confieso ante Dios todopoderoso y ante vosotros, hermanos,
que he pecado mucho de pensamiento, palabra, obra y omisi'on.
Por mi culpa, por mi culpa, por mi gran culpa.
Por eso ruego a santa Mar'ia, siempre Virgen,
a los 'angeles, a los santos y a vosotros, hermanos,
que interced'ais por m'i ante Dios, nuestro Senyor.
전능하신 하느님과 형제들에게 고백하오니
생각과 말과 행위로 많은죄를 지었으며 또한 의무를 소홀히 하였나이다.

제탓이요, 제탓이요, 제 큰 탓이옵니다. 그러므로 간절히 바라오니
평생동정이신 성모마리아와 천사와 성인과 형제들을 저를 위하여
하느님께 빌어주소서-

Dios todopoderoso tenga misericordia de nosotros,
perdone nuestros pecados y nos lleve a la vida eterna. Am'en.
전능하신 하느님, 저희에게 자비를 베푸시어,
죄를 용서하시고 영원한 생명으로 이끌어주소서. 아멘

Senyor, ten piedad. Senyor, ten piedad.
Cristo, ten piedad. Cristo, ten piedad.
Senyor, ten piedad. Senyor, ten piedad.
주님, 자비를 베푸소서, 주님 자비를 베푸소서
그리스도님, 자비를 베푸소서, 그리스도님 자비를 베푸소서
주님, 자비를 베푸소서, 주님 자비를 베푸소서-

GLORIA - 영광송

Gloria a Dios en el cielo,
y en la tierra paz a los hombres que ama el Senyor.
Por tu inmensa gloria te alabamos, te bendecimos, te adoramos,
te glorificamos, te damos gracias,
Senyor Dios, Rey celestial, Dios Padre todopoderoso.
Senyor, Hijo 'unico, Jesucristo,
Senyor Dios, Cordero de Dios, Hijo del Padre;
t'u que quitas el pecado del mundo, ten piedad de nosotros;
t'u que quitas el pecado del mundo, atiende nuestra s'uplica;
t'u que est'as sentado a la derecha del Padre, ten piedad de
nosotros.
Porque s'olo t'u eres Santo,
s'olo t'u Senyor, s'olo t'u Alt'isimo,
Jesucristo, con el esp'iritu Santo en la gloria de Dios Padre.
Am'en.
하늘높은데서는 하느님께 영광
땅에서는 주님께서 사랑하시는 이들에게 평화
주 하느님 하늘의 임금님, 전능하신 아버지 하느님
주를 기리나이다, 찬미하나이다
주님을 흠숭하나이다, 찬양하나이다 주님 영광크시오니 감사하나이다

204

외아들 주 예수그리스도님, 주 하느님 성부의 아드님

하느님의 어린양, 세상의 죄를 없애시는 주님 저희에게 자비를 베푸소서

세상의 죄를 없애시는 주님, 저희의 기도를 들어주소서

성부 오른편에 앉아계신 주님, 저희에게 자비를 베푸소서

홀로 거룩하시고 홀로주님이시며 홀로높으신 예수 그리스도님

성령과 함께 아버지 하느님의 영광안에 계시나이다

아멘-

LITURGIA DE LA PALABRA – 말씀의 전례

PRIMERA LECTURA – 제 1 독서

Palabra de Dios.

Te alabamos, Senyor.

주님의 말씀입니다, 하느님 감사합니다-

SALMO RESPONSORIAL – 층계송

SEGONDA LECTURA – 제 2 독서 (주일미사때)

Palabra de Dios.

Te alabamos, Senyor.

주님의 말씀입니다, 하느님 감사합니다-

ALELUYA – 알렐루야

EVANGELIO – 복음 낭독

El Senyor est'e con vosotros.

Y con tu esp'iritu.

 주님께서 여러분과 함께,

또한 사제와 함께-

Lectura del santo Evangelio seg'un san <...> Gloria a ti, Senyor.

<...>가 전한 거룩한 복음입니다,

주님, 영광받으소서-

Palabra del Senyor. Gloria a ti, Senyor Jes'us.

주님의 말씀입니다. 그리스도님 찬미합니다-

HOMILIA - 강론

CREDO – 니체아 신경

Creo en un solo Dios,

Padre todopoderoso, Creador del cielo y de la tierra,

de todo lo visible y lo invisible.
Creo en un solo Senyor, Jesucristo,
Hijo 'unico de Dios,
nacido del Padre antes de todos los siglos:
Dios de Dios, Luz de Luz,
Dios verdadero de Dios verdadero,
engendrado, no creado, de la misma naturaleza del Padre,
por quien todo fue hecho;
que por nosotros, los hombres, y por nuestra salvaci'on
baj'o del cielo;
y por obra del Esp'iritu Santo se encarn'o de Mar'ia, la Virgen,
y se hizo hombre;
y por nuestra causa fue crucificado
en tiempos de Poncio Pilato;
padeci'o y fue sepultado,
y resucit'o al tercer d'ia, seg'un las Escrituras,
y subi'o al cielo, y est'a sentado a la derecha del Padre;
y de nuevo vendr'a con gloria para juzgar a vivos y muertos,
y su reino no tendr'a fin.
Creo en el Esp'iritu Santo, Senyor y dador de vida,
que procede del Padre y del Hijo,
que con el Padre y el Hijo recibe una misma adoraci'on y gloria,
y que habl'o por los profetas.
Creo en la Iglesia, que es una, santa, cat'olica y apost'olica.
Confieso que hay un solo bautismo para el perdón de los pecados.
Espero la resurrecci'on de los muertos
y la vida del mundo futuro. Am'en.
한분이신 하느님을 저는 믿나이다
전능하신 아버지, 하늘과 땅과 유형무형한 만물의 창조주를 믿나이다.
또한 한 분이신 주 예수 그리스도, 하느님의 외아들, 영원으로부터
성부에게서 나신분을 믿나이다.
하느님에게서 나신 하느님, 빛에서 나신 빛, 참 하느님에게서 나신 참
하느님, 창조되지 않고 나시어, 성부와 한 본체로서 만물을 창조하셨음을
믿나이다. 성자께서는 저희 인간을 위하여
저희 구원을 위하여 하늘에서 내려오셨음을 믿나이다.
또한 성령으로 인하여 동정 마리아에게서 육신을 취하시어 사람이
되셨음을 믿나이다. 본시오 빌라도 통치 아래서 저희를 위하여 십자가에

못박혀 수난하고 묻히셨으며, 성서 말씀대로 사흘날에 부활하시어
하늘에 올라 성부 오른편에 앉아계심을 믿나이다.
그분께서는 산 이와 죽은 이를 심판하러 영광속에 다시 오시리니 그분의
나라는 끝이 없으리이다.
또한 주님이시며 생명을 주시는 성령을 믿나이다.
성령께서는 성부와 성자에게서 발하시고
성부와 성자와 더불어 영광과 흠숭을 받으시며, 예언자들을 통하여
말씀하셨나이다. 하나이고 거룩하고 보편되며, 사도로부터 이어오는
교회를 믿나이다, 죄를 씻는 유일한 세례를 믿으며, 죽은 이들의 부활과
내세의 삶을 기다리나이다.아멘-

LITURGIA EUCARISTICA – 성체 성사

Bendito seas, Senyor, Dios del universo,
por este pan, fruto de la tierra y del trabajo del hombre,
que recibimos de tu generosidad y ahora te presentamos;
'el ser'a para nosotros pan de vida.
Bendito seas por siempre, Senyor.
온 누리의 주 하느님, 찬미받으소서.
주님의 너그러우신 은혜로 저희가 땅을 일구어 얻은 이빵을
주님께 바치오니 생명의 양식이 되게 하소서
하느님, 길이 찬미받으소서-
Bendito seas, Senyor, Dios del universo,
por este vino, fruto de la vid y del trabajo del hombre,
que recibimos de tu generosidad y ahora te presentamos;
'el ser'a para nosotros bebida de salvaci'on.
Bendito seas por siempre, Senyor.
이 물과 술이 하나되듯이 인성을 취하신 그리스도의 신성에 저희도
참여하게 하소서
온 누리의 주 하느님, 찬미받으소서. 주님의 너그러우신 은혜로 저희가
포도를 가꾸어 얻은 이 술을 주님께 바치오니 구원의 음료가 되게 하소서
하느님, 길이 찬미받으소서-
Orad, hermanos,
para que este sacrificio, m'io y vuestro,

sea agradable a Dios, Padre todopoderoso.
El Senyor reciba de tus manos este sacrificio,
para alabanza y gloria de su nombre,
para nuestro bien y el de toda su santa Iglesia.
Am'en.
형제 여러분, 우리가 바치는 이 제사를
전능하신 하느님아버지께서 기꺼이 받아주시도록 기도합시다
사제의 손으로 바치는 이 제사가 주님의 이름에는 찬미와 영광이 되고
저희와 온교회에는 도움이 되게 하소서.-
El Senyor est'e con vosotros.
Y con tu esp'iritu.
Levantemos el coraz'on.
Lo tenemos levantado hacia el Senyor.
Demos gracias al Senyor, nuestro Dios.
Es justo y necesario.
주님께서 여러분과 함께
또한 사제와 함께, 마음을 드높이, 주님께 올립니다.
우리 하느님께 감사합시다. 마땅하고 옳은 일입니다-

PLEGARIA EUCAR'iSTICA II – 감사기도 제 2 양식

En verdad es justo y necesario,
es nuestro deber y salvaci'on,
darte gracias, Padre Santo, siempre y en todo lugar,
por Jesucristo, tu Hijo amado.
Por el, que es tu Palabra,
hiciste todas las cosas;
t'u nos lo enviaste para que,
hecho hombre por obra del Esp'iritu Santo
y nacido de Maria, la Virgen,
fuera nuestro Salvador y Redentor.
El, en cumplimiento de tu voluntad,
para destruir la muerte y manifestar la resurrecci'on,
extendi'o sus brazos en la cruz,
y asi adquiri'o para ti un pueblo santo.
Por eso con los 'angeles y los santos
proclamamos tu gloria, diciendo:
거룩하신 아버지, 전능하시고 영원하신 주 하느님

208

우리주 그리스도를 통하여 언제나 어디서나 아버지께 감사함이 참으로
마땅하고 옳은 일이며 저희 도리요 구원의 길이옵니다
그리스도께서 비천한 인간으로 처음 오실때에는
구약의 마련된 임무를 완수하시고 저희에게 영원한 구원의 길을
열어주셨나이다. 그리고 및나는 영광중에 다시 오실때에는
저희에게 반드시 상급을 주실것이니 저희는 지금께어 그 약속을 기다리고
있나이다. 그러므로 천사와 대천사와 좌품주품 천사와
하늘의 모든 군대와 함께 저희도 주님의 영광을 찬미하며 끝없이
노래하나이다-

Santo, Santo, Santo es el Senyor, Dios del Universo.
Llenos están el cielo y la tierra de su gloria.
Hosanna en el cielo. Bendito el que viene en nombre del Senyor.
Hosanna en el cielo.

거룩하시도다!거룩하시도다!거룩하시도다!

온 누리의 주하느님, 하늘과 땅에 가득찬 그영광!

높은데서 호산나! 주님의 이름으로 오시는분 찬미받으소서! 높은데서
호산나-

Santo eres en verdad, Senyor, fuente de toda santidad;
por eso te pedimos que santifiques estos dones con la efusi'on de tu
Esp'iritu, de manera que sean para nosotros
Cuerpo y Sangre de Jesucristo, nuestro Senyor.
El cual, cuando iba a ser entregado a su Pasi'on,
voluntariamente aceptada, tom'o pan; d'andote gracias, lo parti'o
y lo dio a sus disc'ipulos diciendo:
TOMAD Y COMED TODOS DE EL, PORQUE ESTO ES MI CUERPO,
QUE SER'A ENTREGADO POR VOSOTROS.
Del mismo modo, acabada la cena, tom'o el c'aliz, y, d'andote gracias
de nuevo, lo pas'o a sus disc'ipulos, diciendo:
TOMAD Y BEBED TODOS DE EL, PORQUE 'ESTE ES EL C'ALIZ DE MI
SANGRE, SANGRE DE LA ALIANZA NUEVA Y ETERNA, QUE SER'A
DERRAMADA POR VOSOTROS Y POR TODOS LOS HOMBRES PARA EL
PERD'ON DE LOS PECADOS.
HACED ESTO EN CONMEMORACI'ON M'IA.
'Este es el Sacramento de nuestra fe:
Anunciamos tu muerte, proclamamos tu resurrecci'on.
!Ven, Senyor Jes'us!

신앙의 신비여,

주님께서 오실때까지, 주님의 죽음을 전하며 부활을 선포하나이다-

As'i, pues, Padre,
al celebrar ahora el memorial
de la muerte y resurrecci'on de tu Hijo,
te ofrecemos el pan de vida y el c'aliz de salvaci'on,
y te damos gracias porque nos haces dignos
de servirte en tu presencia.
Te pedimos, humildemente,
que el Esp'iritu Santo congregue en la unidad
a cuantos participamos del Cuerpo y Sangre de Cristo.
Acu'erdate, Senyor, de tu Iglesia extendida por toda la tierra;
y con el Papa ... , con nuestro Obispo ...
y todos los pastores que cuidan de tu pueblo,
ll'evala a su perfecci'on por la caridad.
Acu'erdate tambi'en de nuestros hermanos
que durmieron en la esperanza de la resurrecci'on,
y de todos los que han muerto en tu misericordia;
adm'itelos a contemplar la luz de tu rostro.
Ten misericordia de todos nosotros,
y as'i, con Mar'ia, la Virgen, Madre de Dios,
los ap'ostoles
y cuantos vivieron en tu amistad
a trav'es de los tiempos,
merezcamos, por tu Hijo Jesucristo,
compartir la vida eterna y cantar tus alabanzas.
Por Cristo, con 'el y en 'el,
a ti, Dios Padre omnipotente,
en la unidad del Esp'iritu Santo,
todo honor y toda gloria por los siglos de los siglos.
Am'en.

그리스도를 통하여 그리스도와 함께 그리스도안에서 성령으로 하나되어

전능하신 천주성부, 모든 명예와 영광을 영원히 받으소서

아멘-

RITO DE LA COMUNION – 영성체

Fieles a la recomendaci'on del Salvador
y siguiendo su divina ensenyanza,

nos atrevemos a decir:
하느님의 자녀되어, 구세주의 분부대로 삼가 아뢰오니-

PADRE NUESTRO – 주 기도문

Padre nuestro, que est'as en el cielo,
santificado sea tu Nombre;
venga a nosotros tu reino;
h'agase tu voluntad en la tierra como en el cielo.
Danos hoy nuestro pan de cada d'ia;
perdona nuestras ofensas,
como tambi'en nosotros perdonamos
a los que nos ofenden;
no nos dejes caer en la tentaci'on,
y l'ibranos del mal.
하늘에 계신 우리아버지, 아버지의 이름이 거룩히 빛나시며
아버지의 나라가 오시며 아버지의 뜻이 하늘에서와 같이 땅에서도
이루어지소서. 오늘 저희에게 일용할 양식을 주시고 저희에게 잘못한
이를 저희가 용서하오니. 저희 죄를 용서하시고 저희를 유혹에
빠지지않게 하시고 악에서 구하소서-
L'ibranos de todos los males, Senyor,
y conc'edenos la paz en nuestros d'ias,
para que, ayudados por tu misericordia,
vivamos siempre libres de pecado
y protegidos de toda perturbaci'on,
mientras esperamos la gloriosa venida
de nuestro Salvador Jesucristo.
Tuyo es el reino, tuyo el poder y la gloria, por siempre, Senyor.
주님, 저희를 모든 악에서 구하시고 한평생 평화롭게 하소서
주님의 자비로 저희를 언제나 죄에서 구원하시고
모든 시련에서 보호하시어 복된 희망을 품고
구세주 예수 그리스도의 재림을 기다리게 하소서
주님께 나라와 권능과 영광이 영원히 있나이다-
Senyor Jesucristo, que dijiste a tus ap'ostoles:
"La paz os dejo, mi paz os doy";
no tengas en cuenta nuestros pecados, sino la fe de tu Iglesia

211

y, conforme a tu palabra, concédele la paz y la unidad.
T'u que vives y reinas por los siglos de los siglos.
Am'en.

주 예수 그리스도님 일찍이 사도들에게 말씀하시기를

"너희에게 평화를 주노라" 하셨으니

저희죄를 헤아리지 마시고 교회의 믿음을 보시어

주님의 뜻대로 교회를 평화롭게 하시고 하나되게 하소서.

영원히 살아계시며 다스리시나이다.

아멘.

La paz del Senyor est'e siempre con vosotros.
Y con tu esp'iritu.

주님의 평화가 항상 여러분과 함께

또한 사제와 함께-

CORDERO DE DIOS – 천주에 어린양

Cordero de Dios, que quitas el pecado del mundo, ten piedad de nosotros.
Cordero de Dios, que quitas el pecado del mundo, ten piedad de nosotros.
Cordero de Dios, que quitas el pecado del mundo, danos la paz.

하느님의 어린양, 세상의 죄를 없애시는 주님 자비를 베푸소서

하느님의 어린양, 세상의 죄를 없애시는 주님 자비를 베푸소서

하느님의 어린양, 세상의 죄를 없애시는 주님 평화를 주소서

El Cordero de Dios, que quita el pecado del mundo.
Dichosos los invitados a la cena del Senyor.
Senyor, no soy digno de que entres en mi casa,
pero una palabra tuya bastará para sanarme.

하느님의 어린양, 세상의 죄를 없애시는 분이시니

이 성찬에 초대받은 이는 복되도다.

주님, 제 안에 주님을 모시기에 합당치 않사오나 한 말씀만 하소서

제가 곧 나으리이다-

El Cuerpo de Cristo. Am'en.

그리스도의 몸. 아멘-

ORACION DESPU'ES DE LA COMUNION – 영성체 후 묵상
RITO DE CONCLUSION

El Senyor est'e con vosotros.
Y con tu esp'iritu.

주님께서 여러분과 함께

또한 사제와 함께

La bendici'on de Dios todopoderoso,
Padre, Hijo y Espíritu Santo, descienda sobre vosotros.
Am'en.

전능하신 천주 성부와 성자와 성령께서는 여기 모인 모든 이들에게

강복하소서

아멘,

Pod'eis ir en paz.
Demos gracias a Dios.

주님과 함께가서 복음을 전합시다.

하느님 감사합니다.

카미노 순례자의 정신

매 순간에 충실하라

매일 다가오는 즐거움과 도전을 기꺼이 받아들여라

내 주위 사람들을 반겨라

내 삶을 나누어라

나보다 먼저 이 길을 걸어온 순례자들을 기억하라

내 뒤에 올 순례자들을 기억하라

오늘 나와 같이 걷는 순례자들을 감사히 생각하라

Made in the USA
Las Vegas, NV
21 April 2022

47800548R00125